人力资源管理与服务研究

庞志华　赵　洁　雷　蕾◎著

吉林文史出版社

图书在版编目（CIP）数据

人力资源管理与服务研究 / 庞志华，赵洁，雷蕾著
. -- 长春：吉林文史出版社，2023.4
ISBN 978-7-5472-9384-3

Ⅰ．①人… Ⅱ．①庞… ②赵… ③雷… Ⅲ．①人力资
源管理－研究 Ⅳ．①F243

中国国家版本馆 CIP 数据核字（2023）第 076659 号

RENLI ZIYUAN GUANLI YU FUWU YANJIU

书　　名 人力资源管理与服务研究
作　　者 庞志华　赵　洁　雷　蕾
责任编辑 陈　昊
出版发行 吉林文史出版社有限责任公司
地　　址 长春市福祉大路 5788 号
网　　址 www.jlws.com.cn
印　　刷 北京四海锦诚印刷技术有限公司
开　　本 787mm×1092mm　16 开
印　　张 11.25
字　　数 267 千字
版　　次 2023 年 4 月第 1 版　2023 年 4 月第 1 次印刷
定　　价 52.00 元
书　　号 ISBN 978-7-5472-9384-3

前　言

人力资源管理是指企业的一系列人力资源政策以及相应的管理活动。人力资源管理目标不仅仅是指企业人力资源管理需要完成的职责和需要达到的绩效，同时要考虑员工个人的发展，强调在实现组织目标的同时实现个人的全面发展。在全球化发展的今天，企业的人力资源管理做得足够好，才越能在社会竞争中占据一席之地。而人力资源部作为企业重要的窗口部门，如何处理好管理与服务的关系，做到管理与服务并重，将是今后努力的重点。这也将对企业在以后日益激烈的市场竞争中立于不败之地，起到不可忽视的关键作用。

本书是在人力资源管理的认知基础上结合实践经验撰写。立足于我国国情和本土实际，充分汲取了现代人力资源管理的经典思想与新理论方法，针对如何实现人力资源价值的最大化展开论述。按照人力资源管理具体活动相互间的作用关系，将其划分为基础性工作、日常职能工作和目标性工作。研究了当前服务导向人力资源管理的内容以及作用机制，并在此基础上针对其发展提出几点建议。最后探索人力资源管理服务多元化与推进建议。

全书结构严谨、内容翔实、结构科学、论述清晰、客观实用，力求达到理论与实践相结合，具有时代性、实用性等特点，有助于实务工作者进一步思考和探讨相关知识在日常工作中的应用。

笔者在撰写本书的过程中，得到了许多专家学者的帮助和指导，在此表示诚挚的谢意。由于笔者水平有限，加之时间仓促，书中所涉及的内容难免有疏漏之处，希望各位读者多提宝贵意见，以便笔者进一步修改，使之更加完善。

目　录

第一章　人力资源管理的原理阐释

第一节　人力资源认知

一、人力资源概念的含义

"人力资源"作为一个管理术语出现至今，随着认识的深化，在概念上已有非常丰富的含义。

资源，《辞海》将其解释为"资财的来源"。从经济学的角度来看，资源是指能给人们带来新的使用价值和价值的客观存在物。资源可以分为以下几类。

自然资源：自然资源一般是指用于生产活动的一切未经加工的自然物，例如未经开发的土地、山川、森林、矿藏等，它们有待于人们去开发利用。

资本资源：资本资源一般是指用于生产活动的一切已经加工的自然物，例如资金、机器、厂房、设备。人们并不直接消费资本本身，而是利用它去生产和创造新的产品与新的价值。

信息资源：信息资源是指对生产活动及对与其有关的一切活动的事物描述的符号集合。信息是对客观事物的一种描述，与前两种资源不同的是，自然资源和资本资源具有明显的独占性，而信息资源则具有共享性。

人力资源：人力资源是生产活动中最活跃的因素，也是一切资源中最重要的资源。人力资源由于其特殊的重要性，被经济学家称为第一资源。

综合前人的研究，可以将人力资源的定义表述为：人力资源是与自然资源或物力资源相对应的，能够推动国民经济和社会发展、具有智力劳动和体力劳动能力的人的总和，它包括数量和质量两个方面的内容。人力资源在宏观意义上的概念是以国家或地区为单位进行划分和计量的，在微观意义上的概念则是以部门和企事业单位为单位进行划分和计量的。

二、人力资源的数量和质量

作为一种资源，人力资源也具有量和质的规定性。由于人力资源强调依附于人身上的劳动能力，是与劳动者密不可分的，因而我们可以用劳动者的数量和质量来反映人力资源的数量和质量。

（一）人力资源的数量

人力资源的数量又分为绝对数量①和相对数量②两种。

1. 人力资源的绝对数量

人力资源的绝对数量的构成，从宏观上看，指的是一个国家或地区中具有劳动能力、从事社会劳动的人口总数，它是一个国家或地区劳动适龄人口减去其中丧失劳动能力的人口，加上非劳动适龄人口之中具有劳动能力的人口。它包括以下几个方面。

（1）尚未达到劳动年龄、已经从事社会劳动的人口，即"未成年劳动者"或"未成年就业人口"。

（2）适龄劳动人口，即处于劳动年龄之内、具有劳动能力的人口。这部分人口又可分为就业人口和待业人口两部分。就业人口是指处在劳动年龄段内、正在从事社会劳动的那部分人口，它占据人力资源的大部分，可称为适龄就业人口。待业人口是指处在劳动年龄段内，但是没有从事社会劳动的那部分人口。待业人口可以分为失业人口、就学人口、家务人口和其他人口。

（3）已经超过劳动年龄、继续从事社会劳动的人口，即"老年劳动者"或"老年就业人口"。

以上三个部分构成了就业人口的总体。

（4）处于劳动年龄之内、具有劳动能力并要求参加社会劳动的人口，这部分可以称作"求业人口"或"待业人口"。

（5）处于劳动年龄之内、正在从事学习的人口，即"就学人口"；正在从事家务劳动、军队服役的人口，可称为"暂时不能参加社会劳动的人口"。

（6）处于劳动年龄之内的病残人口、其他人口。

2. 人力资源的相对数量

人力资源的相对数量即人力资源率，是指人力资源的绝对量占总人口的比例，它是反映经济实力的一个重要的指标。一个国家或地区的人力资源率越高，表明该国家的经济越具有某种优势。因为，在劳动生产率和就业状况既定的条件下，人力资源率越高，表明可投入生产过程中的劳动数量越多，从而创造的国民收入也就越多。

---

① 绝对数量是指总数，就是一个物体或个体的个数总和。
② 相对数量，就是相对其他物体或个体而言的总和。

3. 人力资源数量的影响因素

影响人力资源数量的因素主要有以下四个方面。

一是人口总量及人口增长状况。由于人力资源的数量体现为劳动人口的数量，而劳动人口是人口总体中的一部分，因此，人力资源的数量首先取决于人口总量。同时，人口的增长状况会影响当前和未来的人口数量，即影响人力资源数量的变化。从这个意义上说，人口的状况就决定了人力资源的数量。我国实行计划生育之后，人口增长速度逐渐下降，因此未来人力资源的增长速度也会相应放缓。

二是人口的年龄结构。人口的年龄构成是影响人力资源数量的一个重要因素。在人口总量一定的情况下，适龄劳动人口占总人口的比例直接决定了人力资源数量在总人口中的比例，而未成年的人口数量就是未来人力资源的数量。

三是人口迁移。人口迁移可以使得一个地区的人口数量发生变化，继而使得这些地方的人力资源的数量发生变化。人口迁移包括永久性迁移和暂时性迁移。永久性迁移包括移民、异地移居等。如我国三峡工程建设使得沿江地带的人口分布发生重大变化，继而使得这些地方的人力资源也发生重大变化。暂时性迁移是指异地务工、求学、入伍等。这些都能使一定时期内、一定范围内的人力资源数量发生变化。例如，我国内地省份的青年到沿海地区打工，使沿海地区的人力资源短期内迅速增加。

四是社会和经济发展状况。在特定的社会和经济发展时期，由于经济结构的失衡，人力资源相对过剩或短缺，这就需要对劳动人口年龄规定进行调整。例如，为了应对人口老龄化带来的养老金支付危机，大多数国家都选择了延长退休年龄的做法，将本为 60 岁左右的法定退休年龄，逐渐推迟到 65 岁或 67 岁。

（二）人力资源的质量

人力资源的质量是指劳动者所具有的体质、智力、知识、技能、态度和价值观等方面的状况。

体质是指劳动者的体力和健康状况，它与劳动者的遗传及其他先天条件、营养条件、卫生状况等因素密切相关。劳动者的体质水平往往可以用平均寿命、婴儿死亡率、每万人口拥有的医务人员数量、人均日摄入热量等健康卫生指标来衡量。

智力、知识和技能与劳动者的教育状况相关。人力资源的质量既取决于国家科技发展水平，也取决于国家对教育的投入和父母对子女教育及个人对自身教育的投入。智力虽然受一定的先天因素影响，但更重要的是后天的教育开发。劳动者的智力、知识水平可以用人均受教育年限、每万人中大学生拥有量、大中小学入学比例等来衡量。劳动者的技能水平可以用劳动者技术职称等级的比例、每万人中高级职称人员所占的比例等来衡量。

态度是指劳动者对所从事工作的努力程度、负责程度和合作程度，这取决于劳动者的需求层次和强度以及劳动者接受激励的强度和对工作的满意程度，可以用对工作的满意程度、工作的努力程度、工作的负责程度、与他人的合作性等劳动态度指标来评价，而价值观则是在态度上形成的理念，它受教育背景、文化背景等因素的影响。比如，企业往往通过建立企业文化影响员工，使员工形成与企业战略目标相一致的价值观。

与人力资源的数量相比较，人力资源的质量显得更为重要。随着社会生产的发展，现代科学技术对人力资源的质量提出了更高的要求。人力资源质量的重要性还体现在其内部的替代性方面。人力资源对经济发展的贡献中，智能因素的作用越来越大，体能因素的作用逐渐降低；智能因素中，科技知识的作用在不断上升，经验知识的作用相对下降。就现代科学知识和技术能力而言，存在着"老化"和"更新"速度不断加快的规律性，与这一趋势相适应，劳动者的类型也发生了变化。一般来说，人力资源的质量对数量的替代性较强，而其数量对质量的替代性较弱，有时甚至是不能替代的。因此，人力资源开发的目的在于提高人力资源的质量，对社会经济的发展起着更大的作用。

三、人力资源的相关概念

人口资源是指一个国家或地区所拥有的人口总量，主要表现为人口的数量，是一个最基本的底数。

劳动力资源是一个国家或地区具有的劳动力人口的总称，是人口资源中拥有劳动能力的那一部分人，通常是 16~60 岁的人口群体。这一人口群体必须具备从事体力劳动或脑力劳动的能力。劳动力资源偏重的是数量概念。

人力资源是一个国家或地区能够作为生产要素投入到社会经济活动中，为社会创造物质财富和精神文化财富的劳动人口。它包含数量和质量两个概念，其总量由人力资源的数量和质量的乘积表示。

人才资源是指一个国家或地区中具有较多科学知识、较强劳动技能，在价值创造过程中起关键或重要作用的那部分人。

天才资源是指在某一领域具有特殊才华的人，他们在自己的这一领域具有十分独特的创造发明能力，能在这一领域起领先作用，并具有攀登顶峰的能力。

人力资本是体现在人身上的技能和生产知识的存量。我们之所以称这种资本是人力的，是由于它已经成为人的一部分，又因为它可以带来未来的满足或者收入，所以称其为资本。人力资本是劳动者身上所具备的两种能力：一种能力是通过先天遗传获得的，是由个人与生俱来的基因所决定的；另一种能力是后天获得的，由个人努力经过学习而形成的。需要强调的是，我们可以将人力资本视为人力资源的核心。

应当说，这五个概念的关注重点是不一样的。人口资源、劳动力资源偏重的是数量概念，人力资源包含数量和质量。而人力资本更关注对人力资源的投资，表现为投入到教育培训、迁移和健康等方面的资本在人身上的凝结。

四、人力资源的特点及作用

（一）人力资源的特点

人力资源是进行社会生产最基本、最重要的资源，与其他资源相比较，它具有如下特点。

1. 人力资源的能动性

能动性是人力资源区别于其他资源的最根本所在。许多资源在被开发的过程中完全处于被动的地位，人力资源则不同，它在被开发的过程中具有能动性，主要表现在：一是人的自我强化，即人通过学习能提高自身的素质和能力；二是选择职业，人力资源通过市场来调节，选择职业是人力资源主动与物质资源结合的过程；三是积极劳动，这是人力资源能动性的主要方面，也是人力资源发挥潜能的决定性因素。人能够积极主动、有目的、有意识地认识世界和改造世界；人能通过意识对所采取的行为、手段及结果进行分析、判断和预测。

人所具有的社会意识和在社会生产过程中所处的主体地位，使得人力资源具有能动性。对人力资源能动性调动的程度直接决定着其开发水平，这个特点也被概括为"可激励性"。可激励性的前提是其对象的能动性，这就要求人们在进行人力资源开发时，必须充分注重对人的积极性的调动。

2. 人力资源的智力性

人力资源包含着智力的内容。一般的动物只能靠自身的肢体运动取得其生存资料，人类则把物质资料作为自己的手段，在改造世界的过程中，通过自身的知识智力，使自身能力不断扩大，创造数量巨大的物质资料，获得丰富的生活资料。人力资源的知识智力性表明人力资源具有巨大潜力。同时，人类的智力具有继承性，这是指人力资源所具有的劳动能力随着时间的推移不断地积累、延续和增强。

3. 人力资源的开发持续性

人力资源是可以不断开发的，它不像自然资源，通过多次开发形成最终产品之后，就不能再继续开发下去了。人力资源的连续性说明，不仅其使用过程是开发的过程，而且培训、积累、提高、创造的过程也是开发的过程，因此它是一个可以多次开发的资源。也就是说，一个人在他的生命终结以前，更准确地说，是在他的职业生涯结束之前，都是可以持续开发的资源。基于这一特征，对人力资源的开发与管理要注重终身教育，加强后期的培训和开发，不断提高其知识、技能水平。

一般情况下，物质资源的开发只有一次、二次开发，形成产品使用之后，就不存在继续开发的价值了。但人力资源则不同，使用后还能继续开发，使用过程也是开发过程，而且这种开发具有持续性。人在工作以后，可以通过不断学习来更新自己的知识、提高技能。所以，人力资源能够实现自我补偿、自我更新、自我丰富和持续开发。这就要求对人力资源的开发与管理应注重终生教育，加强其后期的培训与开发，不断提高其德才水平。

尤其是随着高新技术的深入发展，知识更新的周期越来越短，知识老化率（速度）加快，因此人需要不断学习、充实和提高。

4. 人力资源的社会性

人力资源受到社会、文化和时代等因素的影响，从而具有社会属性。社会政治、经济和文化的不同，会导致人力资源质量的不同。每一个民族或组织都有其自身的文化特征，每一种文化都是一个民族或组织共同的价值取向，这些文化特征是通过人这个载体表现出来的。每个人因受自身民族文化和社会环境影响的不同，价值观也不尽相同，这会在经营活动或人与人的交往中表现出来。人力资源的社会性，要求人力资源管理要注重团队的建设，注重人与人、人与群体、人与社会的关系以及利益的协调与整合，倡导团队精神和社会责任感。

（二）人力资源的重要作用

无论对社会还是对企业而言，人力资源都发挥着极其重要的作用，因此，我们必须对人力资源引起足够的重视，创造各种有利的条件，以保证其作用的充分发挥，从而实现财富的不断增加、经济的不断发展和企业的不断壮大。

人力资源的作用主要体现在以下方面。

1. 财富形成的关键要素

第一，人力资源是构成社会经济运动的基本前提。人力资源是能够推动和促进各种资源实现配置的特殊资源。它和自然资源一起构成了财富的源泉，在财富形成过程中发挥着关键性的作用。

第二，人力资源在自然资源向财富转化过程中起了重要的作用，它使自然资源转变成社会财富，同时人力资源的价值也得以转移和体现。

第三，人力资源的使用量决定了财富的形成量，在其他要素可以同比例获得并投入的情况下，人力资源的使用量越大，创造的财富就越多；反之，就越少。

2. 经济发展的主要力量

人力资源不仅决定着财富的形成，也是经济发展的主要力量。随着科学技术的不断发展、知识技能的不断提高，人力资源对价值创造的贡献力度越来越大，社会经济发展对人力资源的依赖程度也越来越深。经济学家认为，知识、技术等人力资源的不断发展和积累直接推动物质资本的不断更新和发展。

3. 企业的首要资源

企业是指集中各种资源，如土地、资金、技术、信息、人力等，通过有效的方式加以整合和利用，从而实现自身利益最大化并满足利益相关者要求的组织。

现代社会，企业是组成社会经济系统的细胞单元，是社会经济活动中最基本的经济单位之一，是价值创造最主要的组织形式。企业要想正常运转，就必须投入各种资源，而在企业投入的各种资源中，人力资源是首要的资源；人力资源的存在和有效利用能够充分激活其他物质资源，从而实现企业的目标。

第二节　人力资源管理的基础知识

一、人力资源管理的概念界定

人力资源管理这一概念，是彼得·德鲁克（Peter F. Drucker）1954 年提出人力资源概念之后出现的。1958 年，怀特·巴克（E. Wight Balkke）出版了《人力资源职能》一书，首次将人力资源管理作为管理的普通职能来加以论述。此后，国内外学者从不同侧面对人力资源管理的概念进行阐释，综合起来可以归纳为以下五类。

一是根据人力资源管理的目的，将人力资源定义为通过对人力资源进行管理，而实现组织的整体规划和战略目标，如人力资源管理是运用多种技术手段，充分发挥人力资源的作用和价值，从而实现组织目标。

二是根据人力资源管理的过程及作用，将人力资源定义为活动过程，如人力资源管理是包括聘用、选拔培训等在内的人员组织活动，旨在实现组织的目标，也能实现人的价值。大到全社会，小到各个组织范围内的工作人员的招聘、培训、调动、退休等过程，都是人力资源管理的内容。

三是根据人力资源管理的实体，将人力资源定义为规章制度和政策。如对员工产生直接影响的管理层的各种决策及活动就是人力资源管理的对象；对公司和员工之间的关系产生影响的决策及活动也是人力资源管理的对象。人力资源管理指的是与员工切身利益相关的各种政策、管理制度等。

四是根据人力资源管理的主体，将人力资源定义为人力资源部门或相关管理者开展的一系列活动，如人力资源管理是专业性很强的工作，由人力资源管理部门中的专业人员负责。

五是根据人力资源管理的目的、过程等多个角度，将人力资源定义为综合性较强的活动，如人力资源管理借助现代先进的科学技术和手段，运用相关物质条件，对相关人员进行培训，合理分配岗位，使人尽其才，物尽其用，二者相互配合，同时在潜移默化中引导和协调员工的思想行为，充分发挥员工的作用和价值，使他们与岗位需求融为一体，为实现组织目标而努力奋斗；人力资源管理是一系列计划、组织和协调工作，是对相关人员能力的开发、利用和保持，这一活动是有目的、有组织进行的，通过促进劳动关系和谐发展而充分挖掘人力资源，激发人们工作的动力，提高人员工作和水平，为实现组织战略目标而采取一系列方法。

本书认为，人力资源管理就是指企业通过各种政策、制度和管理实践，以吸引、保留、激励和开发员工，调动员工的工作积极性，充分发挥员工潜能，从而促进组织目标实现的管理活动。在一般情况下，人力资源管理可以分为宏观和微观两个层次进行讨论。宏观意义上的人力资源管理是指政府对社会人力资源的开发与管理的过程。本书所涉及的是微观意义上的人力资源管理，即企业的人力资源管理。

值得注意的是，要对人力资源管理的含义有全面深刻的认识，要明确以下两种错误观点：第一种是认为传统的人事管理和人力资源管理一样，只是说法不同；第二种是认为人力资源管理和人事管理完全没有关系。但实际上人力资源管理是在人事管理基础上的发展和创新，二者是有联系的。人事管理的很多内容也是人力资源管理的内容，但人力资源管理在原有基础上有所创新，采用不同的方法，是新的人事管理。

二、人力资源管理的目标分析

企业要在市场上获得竞争优势，在很大程度上取决于其利用人力资源的能力。人力资源管理的目标有以下几方面。

第一，充分发挥员工的主观能动性。全面、有效地开发人力资源，充分发挥员工的主观能动性，是企业实现组织目标、获取竞争优势的有效手段。而员工的积极性常常受到在组织中的发展空间、自我实现机会、福利状况和人际关系等因素的影响，因此组织应尽力对这些因素进行调整，使之有利于充分调动员工的积极性，发挥其主观能动性，从而实现组织目标。

第二，增加人力资本投入。在组织所有的资源中，人力资源是起决定性作用的。因此，扩展组织人力资本、增大人力资本的存量，已成为人力资源管理的一大目标。美国通用电气公司内有一套专门负责培训、增加企业的人力资本，形成初级人才开发和高级人才开发等一系列完善的扩展人力资本的体系，为通用电气公司的技术开发和营销管理奠定了坚实的人才基础。

第三，实现人的价值最大化。根据价值工程理论可以得知，价值与功能成正比，与成本成反比。因此，要实现价值最大化就要尽可能提高功能，降低成本。人的最大使用价值等于最大限度地发挥人的有效技能，而人的有效技能等于人的劳动技能、适用率、发挥率及有效率的乘积。由此可见，人力资源管理就是通过提高适用率、发挥率和有效率，达到人尽其才、才尽其用，最终实现组织利润最大化的目标，从而增强组织的竞争力，获取竞争优势。

三、人力资源管理的主要功能

人力资源管理的功能是指它自身所具备或应该具备的作用，这种作用并不是对于其他事物而言的，而是具有一定的独立性，反映了人力资源管理自身的属性。人力资源管理的功能主要体现在以下四个方面。

（一）吸纳功能

吸纳功能主要是指吸引并让优秀的人才加入本企业，即运用科学的方法引入最适合的岗位人选，是通过对职位和人员进行测评，选拔出与组织中的职位最为匹配的任职人员的过程。

选人是人力资源开发与管理的首要环节，这个环节将决定组织可以获得什么样的人力资源。更进一步地说，选人工作效果的好坏将直接影响到组织生存与发展的能力。

第一，选择合适的选人者。要为组织选拔到合适的人才，选人者首先要具备慧眼识珠的能力，要能够鉴别应聘者的真实能力，因此要选择具有较高的职业素质和专业知识的人充当选人者。

第二，选人需要遵循一定的程序。通常的招聘程序是：发布招聘广告，收集应聘资料，对应聘资料初选，约见面试，填写公司要求的履历表，参加招聘单位主持的笔试（专业知识、外语的笔试）、性向心理测试，以及技能测试，人力资源部和用人单位的面试，背景调查，录取试用。通过一定的程序，可以全面了解应聘者的实际能力，减少选人失误。

第三，能岗匹配。人力资源是具备一定能力的人，组织获取人力资源时需要付出相应的成本，组织选人是为了获得人力资本创造的组织需要的价值，因此并非越优秀就越需要，这样只会造成人力资源浪费和增加组织用人成本，只有能力与岗位需要相匹配的人才是组织真正需要的人。

（二）开发功能

开发功能是指让员工保持能够满足当前及未来工作需要的技能，即通过教育、培训、训练，促进员工知识、技能及综合素质得到提高，保持其竞争力，是通过提高员工在知识、技能以及能力等各方面的素质，实现人力资本保值增值的过程。

第一，组织要有育人意识。对员工进行培养和开发的直接效果是提高了员工的个人能力，这会使一些组织忽视育人带来的组织整体绩效的提高，这种意识是不对的。通过组织培育和开发，可以使员工与组织一起成长，就算员工跳槽了，对整个社会也是有益的。树立组织的育人意识，不仅可以促进组织发展，还可以推动整个社会的进步。现在，对员工的培养和开发已逐渐被大多数公司所重视，尤其是短期培训，因为可以收到立竿见影的效果。

第二，要建立有效的员工培育系统。一个有效的培育系统包括以下几个方面。①了解育人需求。对部门人力资源培育和开发申请（需求）进行调查，也要主动对整个组织各职能系统进行需求评估。②实施。针对组织发展和员工个人提升的需要实施员工的培育与开发。③考核。分理论知识和岗位表现两部分，考核成绩应当公布，必要时可颁发证书。④应用。根据考核成绩做出岗位资格和任职资格的确认，作为今后晋升的必备资格。

第三，组织育人要有针对性。组织的培训，一要针对人，即什么人需要培育和开发，需要提升和完善什么知识与技能，怎么对他们进行培育和开发；二要针对事，组织对员工培育的目的是要通过员工能力的提升来促进组织整体绩效的提高，因此，要与员工的实际工作联系起来，有针对性地开展育人工作。

（三）维持功能

维持功能是指让加入的员工继续留在本企业工作。核心员工的流失不仅会造成组织增加选人、育人和用人的成本，而且会影响组织工作的连续性，对组织绩效产生严重影响，因此，留住核心员工是组织良好发展和保持竞争力的根本。

第一，待遇留人。给予员工必要的物质报酬和奖励是留住人才的基础。待遇是组织为员工工作支付的劳动代价，也是满足员工物质生活追求的基础，良好的薪酬和福利可以使员工愿意留在组织中工作。有竞争力的薪资福利体系包括高薪、员工持股、医疗保健、保险、公积金、劳动保护、带薪休假等。

第二，感情留人。优厚的待遇固然重要，但独特的组织文化和人性化的管理以及强烈的归属感也是组织留住人才的关键要素。组织要形成对员工充分尊重、信任和关怀的氛围，使其逐渐增强对组织的认同，从而使其产生强烈的归属感和与企业共同成长的期望。

第三，事业留人。事业留人就是以组织发展和满足人才不断成长和发展来稳定人才。员工的工作过程也是自我实现的过程，事业留人的关键在于创造条件使员工充分发挥才能，以组织发展来促进和实现员工的职业生涯规划，满足员工的成就感。

（四）激励功能

激励功能是指让员工在现有的工作岗位上创造出优良的绩效。用人要用其所长，量才录用，还要知人善任，把员工放到最适合于发挥自身优势的岗位上，才能充分实现员工的价值，最终实现组织目标。

第一，知人善任。每个人都是优点与缺点并存、长处与短处并存，组织在用人时，要用其所长，避其所短，根据岗位需要与员工能力相匹配的原则进行人员分配，使其在合适的岗位上最大限度地发挥才能。

第二，充分授权。组织对员工的充分信任，是员工的最好奖赏。组织既然在用人，就要对他表示信任，不能轻易地对他产生怀疑，应通过完善的规范和制度而不是主观判断来约束员工行为，对员工报以总体信任的态度，给予员工自主工作的空间。现代组织注重对员工的柔性管理，对员工的授权也逐渐增多，因此组织在用人过程中要做到"用人不疑"，充分尊重员工，从而发挥员工的积极性和创造力。

第三，科学激励。激励就是对员工的激发和鼓励，调动员工工作的积极性。组织绩效与员工的积极性密切相关，用科学的方法激励员工，可以提高员工为组织工作的热情，从而提高工作绩效。

上述人力资源管理的几项功能不是孤立无关的，它们密切联系、相辅相成、彼此配合。组织在某一方面的决策常常会影响其他方面。

四、人力资源管理面临的挑战

（一）环境带来的挑战

1. 来自技术进步的挑战

通常来说，技术进步必然带来两种结果：一是它能够使组织更有实力、更具竞争性；二是它改变了工作的性质。比如说，网络的普及使许多人在家办公已经成为一种可能，然而，这种高科技的使用必然对员工的素质提出更高的要求，在这种自由宽松的工作秩序下，如何对员工进行考评已成了一个新的课题。事实上，随着技术的进步，其对组织的各个层次都产生了重要的影响，劳动密集型工作和一般事务性工作的作用将会大大削弱，技术类、管理类和专业化工作的作用将会大大加强。这样一来，人力资源管理工作就面临着结构调整等一系列重大变化。

2. 来自组织发展的挑战

随着全球经济一体化的发展，组织作为社会的基本单元已经发生了很大的变化，如今的时代，灵活开放已经成了组织发展的一种趋势。竞争的加剧、产品生命周期不断缩短以及外部市场的迅速变化，这些都要求组织要有很强的弹性和适应性。现代企业要参与市场竞争，就必须具有分权性和参与性，要以合作性团体来开发新的产品并满足顾客需求，这就对人力资源管理提出了新的要求：现代企业的人力资源部门必须具备良好的信息沟通渠道；现代企业的人力资源管理部门对员工的管理要做到公平、公正和透明，要对员工有更加有效的激励措施；要求组织内的每一位管理者都要从战略的高度重视人力资源管理与开发，从而不断适应组织变革的需要。

（二）人力资源管理自身发展的挑战

一是企业员工个性化发展的挑战：即企业员工日益跨文化化、多样化、差异化、个性化，要求人力资源管理必须提供个性化、订制式人力资源产品/服务和关系管理，在人力资源管理中如何较恰当地平衡组织与员工个人的利益。

二是工作生活质量提高的挑战：即员工不再仅仅追求工资、福利，而是对企业在各个方面所能满足自己日益增多的各种需求的程度更高、更全面化，人力资源管理必须提高更加全面周到的人力资源产品/服务。

三是工作绩效评估的挑战：即员工考核与报酬日益强调以工作绩效考评为基础，并形成绩效、潜力、教导三结合的功能。

四是人员素质的挑战：即对企业家、各类管理人员的素质要求日益提高，培训、教育、考核、选拔、任用越来越重要。

五是职业生涯管理的挑战：员工日益重视个人职业发展计划的实现，因此企业必须加强职业管理，为员工创造更多的成功机会和发展的途径，获得个人事业上的满意。

六是人力资源要素发展变化的挑战：要求人力资源管理必须不断提高人力资源管理的预测性、战略规划与长远安排。

七是部门定位的挑战：例如人力资源部门如何在众多的企业职能部门中发挥其作用或显示其特别的绩效，人力资源管理应担当哪些角色以保证人力资源的有效利用。

第三节　人力资源管理的理论依据

一、关于人性假设理论

对于人性假设理论，很多学者都做过研究，其中最具有代表性的是美国管理学家、心理学家麦格雷戈（Douglas. Mc. Gregor）提出的"X理论–Y理论"以及美国行为科学家埃德加·沙因（Edgar H. Schei）提出的"四种人性假设"。

麦格雷戈认为，人的性质和人的行为的假设在某种程度上决定着管理人员的工作方式。他经过长期研究后，在1957年11月号的美国《管理评论》杂志上发表了《企业中人的方面》一文，提出了著名的"X理论–Y理论"。

（一）著名的 X 理论–Y 理论

1. X 理论

麦格雷戈将传统的人们对人性的假设称为"X理论"（Theory X），并将这一观点归纳为以下几个方面。

第一，多数人天生是懒惰的，只要有可能，他们尽可能逃避工作。

第二，多数人没有雄心大志，不愿负任何责任，甘心情愿受别人的指导。

第三，多数人生来以自我为中心，不顾组织目标，加上人懒惰的本性，必须用强制、惩罚的方法，才能迫使他们为达到组织目标而付出适当的努力。

第四，大多数人都是缺乏理智的，不能克制自己，很容易受别人影响。

第五，大多数人具有欺软怕硬、畏惧强者的特点，习惯于保守，反对变革，安于现状，为此，必须对他们进行惩罚，以迫使他们服从指挥。

第六，大多数人的工作都是为了物质与安全的需要，人工作是为了钱，是为了满足基本的生理需要和安全需要，他们将选择那些在经济上获利最大的事去做。

第七，只有少数人能克制自己，这部分人应当担负起管理的责任。

在这种理论指导下，采取的是"严厉的"或"强硬的"的管理方式，对企业中成员的行为进行严密的监督和严格的控制。对于这种人，通常采用的是以金钱作为激励人们努力工作的主要手段。对消极怠工的行为采取严厉的惩罚，以权力或控制体系来保护组织本身和引导员工。

2. Y 理论

基于X理论，麦格雷戈提出了与之完全相反的"Y理论"（Theory Y），这一理论的主要观点有以下方面。

第一，一般人并不是天性就不喜欢工作的，大多数人愿意工作，愿意为社会、为他人做贡献，工作中体力和脑力的消耗就像游戏和休息一样自然。工作可能是一种满足，因而自愿去执行；也可能是一种惩罚，因而想逃避，到底怎样，视环境而定。

第二，大多数人是愿意负责的，愿意对工作、对他人负责任，外来的控制和惩罚，并不是促使人们为实现组织的目标而努力的唯一方法。它甚至是对人的一种威胁和阻碍，并放慢了人成熟的脚步。人们愿意实行自我管理和自我控制来完成应当完成的目标。

第三，人具有自我指导、自我表现控制的愿望，人的自我实现的要求和组织的要求之间不是矛盾的，如果给人适当的机会，就可以将组织目标与个人目标统一起来。

第四，一般人在适当条件下，不仅学会了接受职责，而且还学会了谋求职责、逃避责任、缺乏抱负以及强调安全感，但这些通常是经验的结果，而不是人的本性。

第五，所谓的承诺与达到目标后获得的报酬是直接相关的，它是达到目标的报酬函数。

第六，人具有独创性，每个人的思维都有其独特的合理性，在解决组织的困难问题时，都能发挥较高的想象力、聪明才智和创造性，但是在现代工业生活的条件下，一般人的智慧潜能只是部分地得到发挥。

在这种理论指导下，对人的管理方法主要是：少用外部控制，鼓励员工自我控制，重视人和人际的关系，创造一种适宜环境，使员工发挥潜力而实现目标，这种激励主要来自工作本身的内在激励，让员工担当具有挑战性的工作，担负更多的责任，满足其自我实现的需要。

3. 超 Y 理论

麦格雷戈认为 Y 理论比 X 理论更为先进，更符合人的实际情况，管理者应该按照 Y 理论对人进行管理。但是后来，其他学者如约翰·莫尔斯（John J. Morse）和杰伊·洛尔施（Jay W. Lorsch）这两位学者经过实验证明麦格雷戈的这个观点并不正确，他们在 1970 年《哈佛商业评论》上发表了《超 Y 理论》一文，提出了著名的"超 Y 理论"（Theory Super Y），对麦格雷戈的 X 理论-Y 理论做了进一步的完善。该理论主要观点有以下方面。

第一，人们是抱着各种各样的愿望和需要加入企业组织的，人们的需要和愿望有不同的类型。有的人愿意在正规化、有严格规章制度的组织中工作；有的人却需要更多的自治和更多的责任，需要有更多发挥创造性的机会。

第二，组织形式和管理方法要与工作性质和人们的需要相适应，不同的人对管理方式的要求是不一样的。对上述的第一种人应当以 X 理论为指导来进行管理，而对第二种人则应当以 Y 理论来为指导来进行管理。

第三，组织机构和管理层次的划分，员工的培训和工作的分配，工资报酬、控制制度的安排都要从工作的性质、工作的目标和员工的素质等方面考虑，不可能完全一样。

第四，当一个目标实现以后，可以激起员工的胜任感和满足感，使之为实现新的更高的目标而努力。

按照超 Y 理论的观点，在进行人力资源管理活动时要根据不同的情况，采取不同的管理方式和方法。

（二）四种人性假设理论

美国著名行为科学家埃德加·沙因于 1965 年在《组织心理学》一书中，提出了四种人性假设理论。

1. "经济人" 假设

"经济人" 假设①理论产生于早期科学管理时期，其理论来源是西方享受主义哲学和亚当·斯密② （Adam Smith） 的劳动交换的经济理论，即认为人性是懒惰的，干工作都只是为了获取经济报酬，满足自己的私利。因此，管理上主张用金钱等经济因素去刺激人们的积极性，用强制性的严厉惩罚去处理消极怠工者，即把奖惩建议在 "胡萝卜加大棒政策" 的基础上。但最早提出 "经济人" 概念的是麦格雷戈，他的 X 理论中所表述的人就是 "经济人"。

2. "社会人" 假设

"社会人" 假设理论源于 "霍桑实验" 及其人际关系学说。"社会人" 的概念也是由该实验主持者梅奥提出的。这种假设认为，人是社会人，人们的社会性需要是最重要的，人际关系、职工的士气、群体心理等对积极性有重要影响。因而在管理上要实行 "参与管理"，要注重满足职工的社会性需要，关心职工，协调好人际关系，实行集体奖励制度等。

3. "自动人" 假设

"自动人" 假设即 "自我实现人" 假设，这一概念最早是由人本主义心理学家马斯洛提出的。尔后，麦格雷戈提出了以 "自动人" 人性假设为理论基础的管理理论，"自动人" 就是麦格雷戈的 Y 理论。"自动人" 假设认为，人是自主的、勤奋的，自我实现的需要是人的最高层次的需要，只要能满足这一需要，个体积极性就会充分调动起来。所谓自我实现，是指人的潜能得到充分发挥；只有人的潜能得以表现和发展，人才会有最大的满足。因此，管理上应创设良好的环境与工作条件，以促进职工的自我实现，即潜能的发

---

① "经济人" 假设又称 "实利人" 或 "唯利人" 假设。

② 亚当·斯密（Adam Smith），1723 年 6 月 5 日出生在苏格兰法夫郡（County Fife）的寇克卡迪（Kirkcaldy），英国经济学家、哲学家、作家，经济学的主要创立者。

挥，强调通过工作本身的因素，即运用内在激励因素调动职工的积极性。

4. "复杂人"假设

"复杂人"假设理论类似于约翰·莫尔斯和杰伊·洛尔施提出的超 Y 理论。该理论认为，无论是"经济人""社会人"，或者"自动人"假设，虽然各有其合理的一面，但并不适合于一切人。因为，一个现实的人，其心理与行为是很复杂的，人是有个体差异的。人不但有各种不同的需要和潜能，而且就个人而言，其需要与潜能，也随年龄的增长、知识能力的提高、角色与人际关系的变化而发生改变。不能把人视为某种单纯的人，实际上存在的是一种具体的"复杂人"。依据这一理论，便提出了管理上的"超 Y 理论"，即权变理论。它认为，不存在一种一成不变、普遍适用的管理模式，应该依据组织的现实情况，采取相应的管理措施。

二、关于激励理论

当今，市场经济的基本形式不断变化，企业内部的竞争尤为激烈，在目前的企业实际管理工作中，"人力资源管理属于企业内部的重要内容，只有加强调动企业内部工作人员自身的工作积极性，才能真正发挥出他们的潜能，使工作人员真正投入工作之中"①。要想有效加强工作人员自身的积极性，企业内部的管理工作就需要有效完善激励理论，加强工作人员整体的工作效率，这也是现代企业管理工作中十分重要的组成部分。

（一）内容激励理论

早期的激励理论研究是对于"需要"的研究，回答了以什么为基础或根据什么才能激发调动起工作积极性的问题，包括马斯洛的需求层次理论、赫茨伯格的双因素理论等等。最具代表性的是马斯洛的需要层次论。这种理论主要研究"员工都有什么需要？"这个问题。

1. 马斯洛——需要层次理论

亚伯拉罕·哈罗德·马斯洛（Abraham Harold Maslow）于 1943 年初次提出了"需要层次"理论，他把人类纷繁复杂的需要分为生理的需要、安全的需要、友爱和归属的需要、尊重的需要和自我实现的需要五个层次。

（1）生理的需要：维持人类生存所必需的身体需要。

（2）安全的需要：保证身心免受伤害。

（3）友爱和归属的需要：包括感情、归属、被接纳、友谊等需要。

---

① 姬雅琳：《激励理论在现代企业管理中的运用分析》，载《商展经济》2022 年第 17 期，第 138–140 页。

（4）尊重的需要：包括内在的尊重如自尊心、自主权、成就感等需要和外在的尊重如地位、认同、受重视等需要。

（5）自我实现的需要：包括个人成长、发挥个人潜能、实现个人理想的需要。

1954 年，马斯洛在《激励与个性》一书中又把人的需要层次发展为由低到高的七个层次：生理的需要、安全的需要、友爱与归属的需要、尊重的需要、求知的需要、求美的需要和自我实现的需要。

马斯洛认为，只有低层次的需要得到部分满足以后，高层次的需要才有可能成为行为的重要决定因素。七种需要是按次序逐级上升的。当下一级需要获得基本满足以后，追求上一级的需要就成了驱动行为的动力。但这种需要层次逐渐上升并不是遵照"全"或"无"的规律，即一种需要 100% 的满足后，另一种需要才会出现。事实上，社会中的大多数人在正常的情况下，他们的每种基本需要都是部分得到满足。

马斯洛把七种基本需要分为高、低二级，其中生理需要、安全需要、社交需要属于低级的需要，这些需要通过外部条件使人得到满足，如借助于工资收入满足生理需要，借助于法律制度满足安全需要等。尊重需要、自我实现的需要是高级的需要，它们是从内部使人得到满足的，而且一个人对尊重和自我实现的需要是永远不会感到完全满足的。高层次的需要比低层次需要更有价值，因此，通过满足员工的高级需要来调动其生产积极性，具有更稳定、更持久的力量，也更具激励性、更为有效。人的需要结构是动态的、发展变化的。

2. 赫兹伯格——双因素论

激励理论又称为保健因素理论，是美国的行为科学家弗雷德里克·赫茨伯格（Fredrick Herzberg）提出来的，又称双因素理论。

20 世纪 50 年代末期，赫茨伯格和他的助手们在美国匹兹堡地区对 200 名工程师、会计师进行了调查访问。访问主要围绕两个问题：在工作中，哪些事项是让他们感到满意的，并估计这种积极情绪持续多长时间；又有哪些事项是让他们感到不满意的，并估计这种消极情绪持续多长时间。赫茨伯格以对这些问题的回答为材料，着手去研究哪些事情使人们在工作中快乐和满足，哪些事情造成不愉快和不满足。结果他发现，使职工感到满意的都是属于工作本身或工作内容方面的；使职工感到不满的，都是属于工作环境或工作关系方面的。他把前者叫作激励因素，后者叫作保健因素。

保健因素的满足对职工产生的效果类似于卫生保健对身体健康所起的作用。保健从人的环境中消除有害于健康的事物，它不能直接提高健康水平，但有预防疾病的效果；它不是治疗性的，而是预防性的。保健因素包括公司政策、管理措施、监督、人际关系、物质工作条件、工资、福利等。当这些因素恶化到人们认为可以接受的水平以下时，就会产生对工作的不满意。但是，当人们认为这些因素很好时，它只是消除了不满意，并不会产生积极的态度，这就形成了某种既不是满意又不是不满意的中性状态。

那些能带来积极态度、满意和激励作用的因素就叫作"激励因素"，这是那些能满足个人自我实现需要的因素，包括：成就、赏识、挑战性的工作、增加的工作责任，以及成长和发展的机会。如果这些因素具备了，就能对人们产生更大的激励。从这个意义出发，赫茨伯格认为传统的激励假设，如工资刺激、人际关系的改善、提供良好的工作条件等，都不会产生更大的激励；它们能消除不满意，防止产生问题，但这些传统的"激励因素"即使达到最佳程度，也不会产生积极的激励。按照赫茨伯格的意见，管理者应该认识到保健因素是必需的，不过它一旦使不满意中和以后，就不能产生更积极的效果。只有"激励因素"才能使人们有更好的工作成绩。

赫茨伯格的双因素理论同马斯洛的需要层次论有相似之处。他提出的保健因素相当于马斯洛提出的生理需要、安全需要、感情需要等较低级的需要；激励因素则相当于尊重的需要、自我实现的需要等较高级的需要。当然，他们的具体分析和解释是不同的。但是，这两种理论都没有把"个人需要的满足"同"组织目标的达到"这两点联系起来。

然而，双因素理论促使企业管理人员注意工作内容方面因素的重要性，特别是它们同工作丰富化和工作满足的关系，因此是有积极意义的。赫茨伯格告诉我们，满足各种需要所引起的激励深度和效果是不一样的。物质需求的满足是必要的，没有它会导致不满，但是即使获得满足，它的作用往往是很有限的、不能持久的。要调动人的积极性，不仅要注意物质利益和工作条件等外部因素，更重要的是要注意工作的安排，量才录用，各得其所，注意对人进行精神鼓励，给予表扬和认可，注意给人以成长、发展、晋升的机会。随着温饱问题的解决，这种内在激励的重要性越来越明显。

（二）关于行为激励理论

激励理论中的行为学派主要研究影响人的行为改变的心理过程理论，以及行为发生变化的改变理论。

偏重行为心理过程的理论主要包括弗鲁姆的"期望理论"、海德的"归因理论"和亚当斯的"公平理论"等。

偏重行为改变的理论是斯金纳的强化理论和亚当斯的挫折理论。

1. 弗鲁姆——期望理论

期望理论，又称作"效价-手段-期望理论"，是由北美著名心理学家和行为科学家维克托·弗鲁姆（Victor H. Vroom）于1964年在《工作与激励》中提出来的激励理论。期望理论是以三个因素反映需要与目标之间的关系的。期望理论认为，人们之所以采取某种行为，是因为他觉得这种行为可以有把握地达到某种结果，并且这种结果对他有足够的价值。

用公式可以表示为：

$$M = \Sigma V \times E \qquad\qquad （公式：1-1）$$

式中：M 表示激发力量，是指调动一个人的积极性、激发人内部潜力的强度；

V 表示效价，是指达到目标对于满足个人需要的价值

E 是期望值，是人们根据过去经验判断自己达到某种目标或满足需要的可能性是大还是小，即能够达到目标的主观概率。

因此，要激励员工，就必须让员工明确：①工作能提供给他们真正需要的东西；②他们欲求的东西是和绩效联系在一起的；③只要努力工作就能提高他们的绩效。

2. 海德——归因理论

归因理论是美国心理学家海德于 1958 年提出的，后由美国心理学家韦纳及其同事的研究而再次活跃起来。

归因理论是探讨人们行为的原因与分析因果关系的各种理论和方法的总称。归因理论侧重于研究个人用以解释其行为原因的认知过程，亦即研究人的行为受到激励是"因为什么"的问题。

1958 年他在《人际关系心理学》一书中从朴素心理学的角度提出了归因理论。主张从行为结果入手探索行为的原因，将个人行为产生的原因分为内部和外部两大类。内部原因是指个体自身所具有的、导致其行为表现的品质和特征，包括个体的人格、情绪、心境、动机、需求、能力、努力等；外部原因指个体自身以外的、导致其行为表现的条件和影响，包括环境条件、情境特征、他人影响等。

在海德之后，也有很多科学家研究和拓展了海德的归因理论，比如琼斯（Jones）和戴维斯（Davis）的对应推断理论。这个理论主张，当人们进行个人归因时，就要从行为及其结果推导出行为的意图和动机。一个人所拥有的信息越多，他对该行为所做出的推论的对应性就越高。一个行为越是异乎寻常，则观察者对其原因推论的对应性就越大。

3. 亚当斯——公平理论

公平理论又称社会比较理论，是美国行为科学家斯塔西·亚当斯（Stacy Adams）在《工人关于工资不公平的内心冲突同其生产率的关系》《工资不公平对工作质量的影响》《社会交换中的不公平》等著作中提出来的一种激励理论。该理论侧重于研究工资报酬分配的合理性、公平性及其对职工生产积极性的影响。

该理论的基本要点是：人的工作积极性不仅与个人实际报酬多少有关，而且与人们对报酬的分配是否感到公平更为密切。人们总会自觉或不自觉地将自己付出的劳动代价及其

所得到的报酬与他人进行比较，并对公平与否做出判断。公平感直接影响职工的工作动机和行为。因此，从某种意义来讲，动机的激发过程实际上是人与人进行比较，做出公平与否的判断，并据以指导行为的过程。

4. 斯金纳——强化理论

强化理论是美国心理学家和行为科学家斯金纳①（Skinner）等人提出的一种理论。所谓强化是指增强某人之前的某种行为重复出现次数的一种权变措施。现代的 S-R 心理学家不仅用强化来解释操作学习的发生，而且也用强化来解释动机的引起。人类从事的众多有意义的行为都是操作性强化的结果，例如步行上学、读书写字、回答问题等等。斯金纳强化理论认为在操作条件作用的模式下，如果一种反应之后伴随一种强化，那么在类似环境里发生这种反应的概率就增加。而且，强化与实施强化的环境一起，都是一种刺激，人们可以以此来控制反应。因此，管理人员就可以通过强化的手段，营造一种有利于组织目标实现的环境和氛围，以使组织成员的行为符合组织的目标。

5. 亚当斯——挫折理论

挫折理论是由美国的亚当斯（Adams）提出的，挫折是指人类个体在从事有目的的活动过程中，指向目标的行为受到障碍或干扰，致使其动机不能实现，需要无法满足时所产生的情绪状态。挫折理论主要揭示人的动机行为受阻而未能满足需要时的心理状态，并由此而导致的行为表现，力求采取措施将消极性行为转化为积极性、建设性行为。挫折是一种个人主观的感受，同一遭遇，有人可能构成强烈挫折的情境，而另外的人则并不一定构成挫折。挫折理论所注重的不是挫折而是挫折感。挫折是客观存在的，但挫折感是主观的。

挫折对人的影响具有两面性：一方面，挫折可增加个体的心理承受能力，使人猛醒，吸取教训，改变目标或策略，从逆境中重新奋起；另一方面，挫折也可使人们处于不良的心理状态中，出现负向情绪反应，并采取消极的防卫方式来对付挫折情境，从而导致不安全的行为反应，如不安、焦虑、愤怒、攻击、幻想、偏执等。

现代职场中，很多人都面临着各种各样的压力，很多员工甚至包括总经理或部门经理，他们在工作中也会经常有挫折感。作为主管也好，或者从事人力资源工作也好，甚至企业专门的心理辅导部门也好，要积极了解人员的心理变化，疏导好心情，尽量保证员工可以积极地投入工作。能够有效地疏通员工的挫折感，善于运用挫折感来改变员工的工作行为，也是一种很重要的激励方式。但实际职场中，可能主管或经理更擅于给员工制造挫

---

① 伯尔赫斯·弗雷德里克·斯金纳（Burrhus Frederic Skinner, 1904—1990），美国心理学家，新行为主义学习理论的创始人，也是新行为主义的主要代表。

折，给予员工严厉的批评，而非常吝啬自己的表扬、赞美或者同情心。

了解了这些有关激励的理论，对于我们理解和预测员工的行为表现会非常有帮助。这些理论也可以帮助人力资源专业人士在制定相关政策和制度的时候能够更好地引导员工的行为。

第四节　人力资源管理的组织分析

一、人力资源管理的不同群体

在企业中，无论是管理者还是员工都会参与到人力资源管理中去，但其发挥的作用各不相同。

（一）专业人力资源管理人员

专业人力资源管理人员指在职位、职能和职责等方面明确地以人力资源管理为主的员工和管理者。在组织里，专业人力资源管理人员主要是人力资源部的各类岗位上的任职者和处于企业高层的人力资源总监、主管人力资源管理的副总等。专业人力资源管理人员一般承担以下领域的责任。

一是提供基于战略的人力资源规划及解决方案。企业的人力资源管理应与企业战略相结合，因此，专业人力资源管理人员应作为企业战略决策的参与者，提供基于战略的人力资源规划及系统解决方案。

二是建立人力资源管理的程序与制度。专业人力资源管理人员一般（按照较高管理部门的认可）决定：在贯彻某项人力资源管理实践时要遵循什么程序和制度。例如，专业人力资源管理人员在一次招聘活动前决定招聘的时间进度、计划数和标准、待遇政策等，建立企业的薪酬管理制度、绩效管理制度、培训制度等。

三是开发和选择人力资源管理的方法，为其他管理人员提供咨询。为贯彻组织的人力资源管理实践，专业人力资源管理人员应运用专业知识和技能研究开发企业人力资源管理方法与服务，例如设计招聘时所需要的各类表格、绩效考核的方法和表格等。同时，为其他管理人员提供解决企业人力资源问题和人力资源政策的咨询，帮助组织提高人力资源开发与管理的有效性。

四是组织和监控人力资源管理实践。专门人力资源管理人员组织参与和保证人力资源管理实践被恰当地贯彻。例如由专业人力资源管理人员组织实施校园招聘会、对面试考官的行为进行监督等。

五是了解员工需求，为员工提供支持。为提高员工的满意度与忠诚度，专门人力资源管理人员应及时与员工沟通，了解员工的需求，为员工及时提供支持。

（二）直线经理

直线经理带领员工完成日常工作。在这个过程中，直线经理负责贯彻组织的人力资源管理实践，具体包括以下两个方面。

第一，贯彻人力资源管理的实践。通常，由直线经理进行任务分派、提出招聘条件、做出招聘建议或决策、指导员工改善绩效、执行对下属的考核、决定给下属的奖励、激励下属、帮助下属做好职业生涯规划、提供加薪依据和做出加薪决策等。

第二，协助专业人力资源管理人员。人力资源管理程序和方法的开发经常要求来自直线经理们的投入。例如，在做某项工作分析时，人力资源专业人员经常寻求来自直线经理们的工作信息，并且要求经理们评阅最后的书面结果。

（三）员工本人

更多时候员工本人是人力资源管理的客体，但也是主体，因为员工也需要自我开发与管理，如加强自我开发、进行自我职业生涯规划与管理、自我激励、自我约束等。

二、人力资源管理部门职责与角色

（一）人力资源管理部门的职责

人力资源管理的目标是通过人力资源合理的配置、激励与开发实现劳动生产率的提高，进而促进组织目标的实现。现代人力资源管理已经上升到战略高度，在现代人力资源管理的参与者中，越来越强调，人力资源管理不仅仅是人力资源管理部门的事情，更是各层各类管理者的职责。

企业的高层决策者也开始更多地参与人力资源管理活动。高层决策者主要从战略的高度考虑人力资源管理活动，并对中高层经理进行管理。其职责包括人力资源战略的制定、中高层经理的选拔录用、企业人力资源规划的审核、企业文化的塑造与发展、部门关系的协调以及组织运行风格的确定等。

直线管理人员由于其直线权力而扮演着各项人力资源政策、制度的实施角色，从而对人力资源管理有着重要的影响。因此，人力资源管理不仅是人力资源管理部门的责任，而且是每个直线管理人员的责任。直线经理承担参与人力资源管理理念与政策的确定、贯彻执行人力资源政策、依据部门业务发展提出部门用人计划、参与部门岗位设计与工作分析、参与本部门的人员招聘与人才选拔等工作。

现代人力资源管理已成为每一个管理者不可缺少的工作组成部分。无论是高层管理者还是基层管理者，无论是销售经理还是人力资源经理，甚至是普通的员工，都有必要参与人力资源管理活动，才能保证人力资源目标的实现。因此，必须对人力资源管理者的参与进行明确的界定，并且对其职能进行合理的定位。

（二）人力资源管理部门的角色

第一，战略伙伴。人力资源管理部门应该是企业的战略伙伴，是企业战略决策的参与者，提供基于战略的人力资源规划及系统解决方案，使人力资源和企业战略相结合。

第二，职能管理者角色。人力资源管理部门在战略规划、战略执行和战略评价中应该被赋予职能职权，运用人力资源管理的专业知识和技术工具，确定人力资源管理的方针、政策、制度，和直线部门协调配合进行人力资源规划、人员招聘、薪酬制定、绩效管理等各项活动，保障企业战略和直线部门的工作顺利实施。

第三，监督控制者的角色。根据组织的价值评价标准，评估部门绩效，监控各部门人力资源管理和开发状况，并提出改进意见。

第四，服务者角色。人力资源部门要以专业技能为其他部门提供支持服务，如人力资源管理工具的开发，为人力资源问题的解决提供咨询等。

第五，协调者的角色。人力资源管理者承担组织内部各部门之间、上下级之间、组织和外部环境之间的信息沟通工作。

第六，变革的推动者。有些时候，如在并购与重组、组织裁员、业务流程再造等变革活动中，人力资源管理部门往往要先行一步，成为变革的推动者，提高员工对变革的适应性，妥善处理组织变革过程中的人力资源管理实践问题，推动组织的变革。

三、高层人力资源管理者的技能要求

人力资源管理角色的演变对人力资源管理者，特别是对企业的高层人力资源管理者提出了更高的要求，要求他们成为"人员方面的专家"，成为企业战略管理过程的伙伴。人力资源管理者既要了解专业知识，进行人力资源战略规划和操作人力资源管理具体工作，又要学会沟通，把人力资源的产品和服务推销给各层管理者以及员工。人力资源管理的专业人员应该具有五种基本技能：较强的交际能力、敏锐的观察能力、良好的协调能力、果断的决策能力和综合分析能力。而战略性高层人力资源管理者的技能要求应包括以下方面内容。

一是专业技术知识。高层人力资源管理者应当成为企业人力资源管理的权威与专家。为此，需要不断学习先进的人力资源管理理论与技能，学习人力资源管理活动的新方法和新技术，如甄选技术、360 度测评及期权激励方法等，并结合企业自身情况，实施科学的、能给企业带来效益的人力资源管理方法。

二是管理变革能力。管理变革能力是指促使变革发生的能力，如建立关系、管理数据、领导与影响等，以及理解变革的能力，如革新精神与创新性。企业的变革，即使是微小的变革都会带来组织在结果、工作流程、人员分工等方面的变化。变革所产生的新的制度和方法往往会造成员工困惑、冲突、抵触等情况。

三是流入地的环境质量和气象状况。流入地环境质量优良、气象状况好将促进劳动力的流入。劳动力流动不单受个人因素影响，劳动力市场总体因素亦是一个重要角色。因此，若从劳动力市场总体因素来考虑，劳动力市场能否留住本市场的工人或吸引别的劳动力市场的人力资源，重要的决定因素也包括诸如劳动力市场的人口数（可代表市场之潜在经济规模）、就业成长率、失业人口数及失业率、都市化程度、产业结构形态、所得水准和环境品质等众多因素。

第二章　人力资源管理的基础性工作

第一节　工作分析与评价

一、工作分析概述

（一）工作分析的定义理解

一个组织的建立最终会导致一批工作的出现，而这些工作需要由特定的人来承担。工作分析就是与此相关的一道程序。通过对工作内容与工作责任的资料汇集、研究和分析，可以确定该项工作的任务、性质和相对价值以及哪些类型的人适合从事这一工作。工作分析的过程主要是调研完成工作的要求、周期和范围，并着眼于工作本身的特点，而不是工作者的状况。工作分析的直接结果是工作说明书。

为此，我们给工作分析定义如下：工作分析又称职位分析、职务分析或岗位分析，是指应用系统方法对组织中某一特定的工作或职位的任务、职责、权利、隶属关系、工作条件等相关信息进行收集和分析，做出明确规定，并确认完成工作所需要的能力和资质的过程，是组织人力资源规划及其他一切人力资源管理活动的基础。

工作分析包括工作说明和工作规范两个方面的基本内容。工作说明也称职位描述，是指以书面形式描述一项工作的任务和职责，是对职位要素信息和职位特征的直接概括分析；工作规范也称任职者说明，主要阐述从事某项工作的人员必须具备的能力、资质和其他特性的要求。

"工作分析的本质就是要研究某项工作所包含的内容及工作人员具备的技术、能力和责任，区别本工作与其他工作的差异，对某项工作的内容及有关因素做全面的、有组织的描写或记载。"[1]

（二）工作分析中的相关专门术语

在进行工作分析时，会有若干专门术语在分析过程中反复出现，必须在进行工作分析

---

[1] 刘艺博：《企业薪酬福利管理工作中存在的问题与解决措施》，载《商场现代化》2019 年第 9 期，第 85-86 页。

之前充分理解。

行动：行动也称工作要素，是工作中不能再继续分解的最小动作单位，如操作工人拿起钳子、秘书接听电话前拿起电话、司机启动汽车前插入钥匙等。

任务：任务是指为了达到某种目的所从事的一系列活动，它由一个或多个工作要素组成。例如，招聘专员为了完成招聘员工的任务，需要对组织中的招聘需求进行分析，明确岗位职责和岗位规范，发布招聘信息，收集和筛选应聘材料，组织选拔过程，录用合格人员。

职责：职责是指在特定的工作岗位上所负责承担的某类工作任务的集合。它可以由一个或多个任务组成。例如，某大学经济管理学院院长的职责是全面负责学院工作，具体包括负责制订和实施学院的发展规划、学院人才队伍建设、学院制度建设和学院的学术建设等多个方面的任务。

职权：职权是依法赋予完成特定任务所需要的权力。职责往往与职权是有密切联系的，特定的职责要赋予特定的职权，甚至是特定的职责等同于特定的职权。例如，审计员对公司财务的审计，既是审计员的职责，也是他的职权。

职位：职位即岗位，是组织要求个体完成的一项或多项任务以及为此赋予个体权力的总和。职位的数量是有限的，职位的数量又称为编制。职位与个体是一一匹配的，也就是有多少职位就有多少人，两者的数量相等。

职务：职务指主要职责在重要性与数量上相当的一组职位的集合或统称。例如，财务部设有两个副经理的职位，一个主要分管会计，另一个主要分管出纳。虽然这两个职位的工作职责并不完全相同，但是就整个财务部而言，这两个职位的职责重要性一致，因此，这两个职位可以统称为副经理职务。职位应与员工一一对应，但职务与员工不是一一对应的，一个职务可能由几个职位组成，如上所述，副经理职务就有两个职位与之相对应。

职业：职业由不同时间内不同组织中的相似工作组成。例如会计、工程师、医生等。虽然在不同单位的会计、工程师，不同医院科室的医生具体工作内容与数量不尽相同，但他们承担的职责及任职要求是相似的。

（三）工作分析中的作用体现

1. 在人力资源管理中的作用

（1）工作分析与岗位定编。通过工作分析可以科学地衡量出企业工作岗位人员配备的数量。依据客观的组织工作任务量和在职员工的平均绩效水平，岗位定编可以合理地确定出某种类型的工作岗位人员配备的数量。要准确、有效地为工作岗位配备适当数量的员工，就要分析工作岗位承担工作量的大小、员工承担的工作负担、正常情况下的产出标准。过多的岗位定编会造成浪费，给企业增加不必要的负担，过少的岗位定编会增加员工的工作负担，加大工作压力，可能造成不当的职业病或因工作负荷太重而引发人员流失。无论哪种结果，均对组织不利。

（2）工作分析与人力资源规划。工作分析可以为企业人力资源规划提供基本的信息，如组织中有哪些工作任务，有多少个工作岗位，这些岗位的权力传递链条及汇报关系如何，每一岗位目前是否取得了理想的结果。根据岗位职责的要求，组织应配备员工的年龄结构、知识结构、能力结构怎样，在岗员工与岗位要求的差距多大，由此确定培训需求和工作岗位的调整等。如果没有进行翔实的工作分析，就没有对企业人力资源现状的充分认知，不可能制订出适合企业发展的人力资源规划。

（3）工作分析与员工招聘。工作分析可以提供一项工作的任职者资格信息，从而为人力资源招募、甄选决策提供依据，大大提高人员甄选技术的信度和效度，把不合格的人员排除于组织之外。

（4）工作分析与培训开发。培训工作遵循有效性和低成本的双向要求，培训的内容、方法必须与工作内容及岗位所需要的工作能力和操作技能相关。通过工作分析，可以明确任职者必备的技能、知识和各种心理条件的要求。按照工作分析的结果，准确地进行培训需求分析，并根据实际工作的要求和所聘用人员的不同情况，有针对性地安排培训内容、选择培训的方式和方法，就可以大大降低培训工作成本，提高培训工作的绩效。

（5）工作分析与绩效管理。工作分析可以为绩效评价提供明确的绩效标准，从而使绩效评价有据可依，大大减少绩效评价的主观性和随意性，使其真正能为员工的报酬决策和员工晋升决策提供依据，并且为从事该工作的员工设立一个标杆，使其能有目标地改进自己的工作，提高工作绩效。

（6）工作分析与薪酬设计。企业可以通过工作分析对一个工作岗位的工作职责、技能要求、教育水平要求、工作环境等有明确的了解和认识，根据这些因素判断这个岗位对于企业的重要程度，从而形成一种岗位相对重要程度的排序，并通过工作评价的量化形式来帮助组织确定每个岗位的报酬水平。因此，工作分析是工作评价的前提，有效的工作评价又是建立岗位职能工资制的基础，从而有利于优化组织内部的工资结构，提高报酬的内部公平性。

（7）工作分析与职业生涯规划。从员工的职业生涯规划的角度来看，为了满足员工在组织中的成长、发展需要，工作分析可以为员工的职业咨询和职业指导提供可靠与有效的信息，为员工在组织内的发展指明合适的职业发展路径。

2. 在组织战略管理中的作用

第一，实现了战略传递。通过工作分析，可以明确工作设置的目的，从而找到该工作如何为组织整体创造价值，如何支持企业的战略目标与部门目标，从而使组织的战略能够得以落实。

第二，明确了职位边界。通过工作分析，可以明确界定职位的职责和权限，消除职位之间在职责上的相互重叠，从而尽可能地避免职位边界不清导致的相互冲突、扯皮推诿所造成的内耗，并且防止职位之间的职责真空，使组织的每一项工作都能够得以落实，提高整个组织的运作效率。

第三，提高了流程效率。通过工作分析，可以理顺职位与其流程上下游环节的关系，明确职位在流程中的角色和权限，消除职位设置或者职位界定的原因所导致的流程不畅、效率低下等现象。

第四，实现了权责对等。通过工作分析，在明确职位的职责、权限、任职资格等的基础上，形成该职位的基本工作规范。有利于根据职位的职责来确定或者调整组织的授权与权力的分配体系，从而在职位层面上实现权责一致。

二、工作分析的实施

（一）工作分析的基本原则

工作分析作为人力资源管理的基础性工作，它的好坏将直接影响人力资源管理其他工作的效果。因此，开展工作分析工作，必须科学合理，遵循以下原则。

一是系统原则。工作分析不是对岗位职责、业绩标准、任职资格等要素的简单罗列，而是要在分析的基础上对其加以系统的把握。在对某一工作岗位进行分析时，要注意该岗位与其他岗位的关系，以及该岗位在整个组织中所处的地位，从总体上把握该岗位的特点及其对人员的要求，从而完成对该工作岗位的全方位而富有逻辑的系统思考。

二是动态原则。工作分析是一项常规性工作。一方面，要根据企业战略意图、环境变化、技术变革、组织与流程再造、业务调整，不断地对工作分析进行调整；另一方面，工作分析也要以岗位的现实状况为基础进行调整。

三是目的原则。在工作分析中要明确工作分析的目的，目的不同其工作分析的侧重点也不一样。比如，如果工作分析是为了招聘甄选，那么分析的重点为在于任职资格的界定；如果工作分析是为了优化组织管理，那么分析的重点在于工作职责和权限的界定，强调岗位边界的明晰化等。

四是经济原则。任何组织都需要以有限的资源最有效地实现组织目标。因此，在工作分析过程中，必须分析组织目前的工作设置是否能以最有效的方法、合理的成本实现组织预定目标。成本包括时间、物质资源、人力资源等一切为实现组织目标的有形和无形投入。同时，工作分析过程中要本着经济性原则，要根据工作分析的目的采取合理的方法。

五是岗位原则。岗位原则的出发点是从工作岗位出发，分析岗位的内容、性质、关系、环境以及人员胜任特征，即完成这个岗位工作的从业人员须具备什么样的资格与条件，而不是分析在岗的人员如何。工作分析并不关注任职者的业绩、风格、特性、职业历史或任何其他事情。

六是应用原则。应用原则是指工作分析的结果，工作描述与工作规范要即时应用，在形成工作说明书后，管理者就应该把它应用于企业管理的各个方面。无论是人员招聘选拔、培训开发，还是绩效考核、激励都需要严格按工作说明书的要求来做。

（二）工作分析的步骤解读

工作分析是一项十分复杂、繁重、系统的工作，因此安排好工作分析的步骤，使之有条不紊地进行，对于提高工作分析的质量，减少资源耗费十分重要。工作分析要经过以下几个步骤：准备阶段、调查阶段、分析阶段、完成阶段。

1. 工作分析的准备阶段

（1）确定工作分析的目的和用途。因为一项工作包含很多信息，一次工作分析不能收集所有的信息，因此，要事先确定工作分析的目的和用途，目的不同，所要收集的信息和使用方法也会不同。

（2）成立工作分析小组。工作分析小组成员一般由以下几类人员组成。①企业的高层领导，高层领导的任务是发布相关政策，并动员全体员工配合该项工作，为工作分析活动顺利进行铺平道路。②本岗位任职者，本岗位任职者能尽可能多地提供全面、详尽的岗位资料。③任职者的上级主管，一方面，任职者上级主管有很多机会观察任职者的工作，能提供较多的工作信息；另一方面，主管可以动员员工配合工作岗位信息调查，并协调人力资源部门编写工作说明书。④工作分析专家，工作分析专家可以来自组织内部，如人力资源部门的工作人员，也可以从组织外部聘请工作分析专家。工作分析专家主要负责策划工作分析的方案和设计工作分析的相关工具，并对工作分析活动提供技术上的支持。

（3）对工作分析人员进行培训。为了保证工作分析的效果，还要由工作分析专家对企业参加工作分析小组的人进行业务上的培训。培训的内容主要有：①关于整个工作分析流程的安排；②关于对工作分析对象背景知识的培训；③关于工作分析理论知识的培训；④对工作分析工具的使用。

（4）其他必要的准备。例如，由各部门抽调参加工作分析小组的人员，部门经理应对其工作进行适当的调整，以保证他们有充足的时间进行这项工作；在企业内部对这项工作进行宣传，比如组织有关工作分析工作的动员会，消除员工不必要的误解和紧张。

2. 工作分析的调查阶段

（1）制定工作分析的时间计划进度表，以保证这项工作能够按部就班地进行。

（2）根据工作分析的目的，选择收集工作内容及相关信息的方法。组织在选择工作分析方法时，关键是要考虑工作分析方法和目的的匹配性、成本可行性，以及该方法对所分析的工作岗位的适用性。一般来说，工作分析方法的选择要考虑五个因素，包括工作分析的目的、成本、工作性质、待分析的工作样本量及分析客体。

（3）收集岗位相关的资料。工作分析需要收集的信息包括三个方面：工作的背景资料、与工作相关的信息、与任职者相关的信息。这些工作信息，一般可以从以下几个渠道来获取：工作执行者本人、管理监督者、顾客、分析专家、国家职业分类大典，以及以往的分析资料。从不同的方式和渠道获取的信息有效性不一样。

3. 工作分析的分析阶段

（1）整理资料，将收集到的信息按照工作说明书的各项要求进行归类整理，看是否有遗漏的项目，如果有的话要返回到上一个步骤，继续进行调查收集。

（2）审查资料。资料进行归类整理以后，工作分析小组的成员要一起对所获工作信息的准确性进行审查，如有疑问，就需要找相关的人员进行核实，或者返回到上一个步骤，重新进行调查。

（3）分析资料。如果收集的资料没有遗漏，也没有错误，那么接下来就要对这些资料进行深入的分析，也就是说要归纳总结工作分析必需的材料和要素，揭示出各个职位的主要成分和关键因素。在分析的过程中，一般要遵循以下几项基本原则。①对工作活动是分析而不是罗列。工作分析是反映职位上的工作情况，但却不是一种直接的反映，而要经过一定的加工。分析时应当将某项职责分解为几个重要的组成部分，然后再将其重新进行组合，而不是对任务或活动的简单列举和罗列。②针对的是职位而不是人。工作分析并不关心任职者的任何情况，它只关心职位的情况。目前的任职者被涉及的原因，仅仅是因为其通常最了解情况。例如，某一职位本来需要本科学历的人来从事，但由于各种原因，现在只是由一名专科生担任这一职位，那么在分析这一职位的任职资格时就要规定为本科，而不能根据现在的状况将学历要求规定为专科。③分析要以当前的工作为依据。工作分析的任务是为了获取某一特定时间内的职位情况，因此应当以目前的工作现状为基础来进行分析，而不能把自己或别人对这一职位的工作设想加到分析中去，只有如实地反映出职位目前的工作状况，才能据此进行分析判断，发现职位设置或职责分配上的问题。

4. 工作分析的完成阶段

（1）编写工作说明书，根据对资料的分析，首先，要按照一定的格式编写工作说明书的初稿；其次，反馈给相关的人员进行核实，意见不一致的地方要重点进行讨论，无法达成一致的还要返回到第二个阶段，重新进行分析；最后，形成工作说明书的定稿。

（2）对整个工作分析过程进行总结，找出其中成功的经验和存在的问题，以利于以后更好地进行工作分析。

（3）将工作分析的结果运用于人力资源管理，以及企业管理的相关方面，真正发挥工作分析的作用。近几年，随着企业对人力资源管理的重视，很多企业投入了大量的人力和物力来进行工作分析，但是在这项工作结束以后，却将形成的职位说明书束之高阁，根本没有加以利用，这无疑违背了工作分析的初衷。

（三）工作分析中实施过程控制要点

在工作分析过程中，经常会由于种种原因人力资源工作人员在进行工作分析的实践过程中障碍重重，妨碍了工作分析的顺利进行，影响了工作分析的效果，最终也将影响人力资源管理甚至是影响组织的发展。工作分析要做好以下几个方面的控制工作。

1. 有效消除员工戒备心理

员工由于害怕工作分析会给自己的工作环境或自身利益带来威胁，如减员降薪、增加工作负荷和强度，所以对工作分析小组成员采取不配合或敌视的态度，表现出态度冷淡、言语讥讽，或者在接受访谈、填写问卷、接受观察时故意向工作分析人员提供虚假的或与实际情况存在较大出入的信息资料。而工作分析人员在这些虚假的信息的基础上对工作所做出的具体分析，也难免错误，最终产生的工作说明书和工作规范的可信度也值得怀疑。如果在员工培训中，根据这些不符合实际的工作说明书中有关员工知识、技术、能力的要求而安排培训计划，那么培训项目很可能并不能给组织带来预想的培训效果。另外，如果采用这些虚假信息作为绩效考核的依据，那么评估结果的真实性和可信性也有问题，最终以评估结果来决定员工的升降奖惩，后果将不堪设想。

工作分析人员应提前向员工介绍工作分析对于开展工作的意义，对于组织管理工作和员工个人发展的重要性，以澄清他们对工作分析的认识，消除其内心的顾虑和压力，争取广大员工在实际信息收集和工作分析过程中的支持与配合，保证工作分析工作的顺利进行。

2. 科学合理地安排工作时间

在工作分析的过程中，很多方面需要员工的参与和配合，如填写问卷、参加访谈、工作时成为被观察者，这都需要占用员工大量的工作时间。很多情况下，员工不愿配合工作分析的原因，是它占用了很多日常工作时间。不少员工这样认为："工作分析是人力资源部的工作，和我的工作没有任何关系，又浪费我的时间，干脆草草应付一下就行了。"所以，一方面，工作分析小组应提前与员工的直线主管进行沟通，为了配合工作分析的工作，请直线主管在安排日常工作时预留一些时间；另一方面，工作分析人员要明确工作分析活动大致需要多长时间，大概的时间进度是怎样的。工作分析活动时间安排的合理化和清晰化，可以使员工清楚自己在什么时间做什么工作，方便其事先做好时间规划，留出足够的时间配合和支持工作分析活动。

3. 采用适当的分析程序与方法

工作分析人员在正式执行工作分析时，应该采取适合工作分析小组人员能力构成和组织实际情况的分析程序，并把工作分析的具体步骤告知参与的员工，使参与的员工能够积极配合，最终使工作分析活动得以协调、顺利进行。另外，让参加工作分析的员工初步了解工作分析过程中可能会使用到的方法，以及工作分析方法正确的操作要点和注意事项，可以使各类人员明白自己要如何配合工作分析工作，最终使工作分析方法的运用更加有效。

4. 注重工作分析的结果在企业的应用

注重工作分析的结果在企业的应用，提高员工的参与性。工作分析的直接结果是形成工作说明书，但企业不能仅停留在该层面上，而应及时跟进，重视工作分析的结果在制定规范的考核标准和制定合理的员工培训、发展规划中的应用，以及在提供科学的职业生涯发展咨询中的重要应用，竭力避免企业的工作说明书在制定和使用中出现的"两张皮"现象。工作分析之后千万不能没有下文，否则员工会因为感觉不到工作分析之后带来的相应变化和改进，而怀疑工作分析的作用和意义，也很难在今后的工作中再度配合人力资源部的工作。

三、工作分析的方法

（一）观察法

观察法是指工作分析人员在工作现场运用感觉器官或其他工具，观察特定对象的实际工作动作和工作方式，并以文字或图标、图像等形式记录下来的收集工作信息的方法。观察法适用于体力工作者和事务性工作者，如搬运员、操作员、文秘等职位，而不适用于主要是脑力劳动的工作。

1. 观察法的类型

（1）直接观察法。工作分析人员直接对员工工作的全过程进行观察，直接观察法适用于工作周期较短的岗位，比如保洁员。

（2）阶段观察法。当工作具有较长周期性时，为了完整观察员工的工作，需要分阶段进行观察。

（3）工作表演法。适用于工作周期很长、突发性事件较多的工作，请员工表演工作的关键事件，并进行观察，比如保安人员的工作、消防人员的工作。

2. 观察法的优点与缺点

观察法的优点：通过观察员工的工作，分析人员能够比较全面、深入地了解工作要求，适应那些工作内容主要是由身体活动来完成的工作。而且采用这种方法收集到的多为第一手资料，排除了主观因素的影响，比较准确。

观察法的缺点：①观察法不适用于工作周期较长和以脑力劳动为主的工作，如设计师、研发工作人员等；②观察法工作量太大，要耗费大量的人力、财力和时间；③有关任职资格方面的信息，通过观察法无法获取；④有些员工不接受观察法，认为他们自己被监视，所以对工作分析工作存在抵触情绪，同时，也存在工作的表面性。

3. 采用观察法时的注意事项

在采用观察法时应注意以下几个问题：

第一，对工作分析人员进行培训，包括观察能力、沟通能力、总结和记录的能力。

第二，预先确定好观察的内容、时间、场所等，并与员工事先进行沟通，消除员工的抵触情绪。

第三，工作分析人员应事先准备好观察表格，以便随时进行记录。

第四，避免机械记录，应主动反映工作的全面信息，对信息进行提炼。

（二）访谈法

访谈法指工作分析人员面对面地与岗位任职者或主管人员进行交谈，通过访问任职者，了解他们所做的工作内容，从而获得有关岗位信息的调查研究方法。访谈法适用面较广，通过与岗位任职者面谈，员工可以提供从其他途径都无法获取的资料，特别是平常不易观察到的情况，使分析人员了解到员工的工作态度和工作动机等较深层次的内容。

1. 访谈法的类型

（1）对岗位任职者进行的个人访谈。

（2）对做同种工作的岗位任职者进行的群体访谈。

（3）对岗位任职者的直线主管进行的主管人员访谈。

2. 访谈法的优点和缺点

访谈法的优点：①可以对岗位任职者的工作态度和工作动机等较深层次的内容有比较详细的了解；②运用面较广，能够简单而迅速地收集多方面的工作资料；③有助于与岗位任职者进行沟通，缓解工作压力，减少敌对情绪；④当面进行沟通，能及时修改获得的信息。

访谈法的缺点：①访谈法要有专门的技巧，需要受过专门训练的工作分析的专业人员；②比较费精力和时间，工作成本较高；③收集的信息往往已经扭曲和失真，因为岗位任职者认为它们是其工作业绩考核或薪酬调整的依据，所以他们会故意夸大或弱化某些职责；④不能进行定量分析。

3. 采用工作分析访谈的注意事项

采用访谈法，应注意以下问题：

第一，事先与岗位任职者本人或直线主管进行沟通，明确访谈的目的和意义。

第二，在无人打扰的场所进行访谈，并消除岗位任职者的紧张情绪，建立融洽的气氛。

第三，准备完整的问题提纲表格，所提问题必须清楚、明确，不能模糊不清。

第四，访谈过程中注意谈话技巧，由浅至深地提问，并鼓励岗位任职者真实、客观地回答问题。

第五，在访谈结束时请岗位任职者确认谈话记录并签字。

（三）问卷调查法

问卷调查法是最常用的一种方法，指的是根据工作分析的目的、内容等编写调查问卷，通过让岗位任职者、直线主管及其他相关人员填写调查问卷，由工作分析人员回收整理获取工作相关信息的研究方法。

1. 问卷调查法的类型

（1）结构化问卷。结构化问卷是由工作分析人员事先准备好的项目组成，代表了工作分析人员希望了解的信息，问卷回答者只需要在问卷项目后填空、选择或对各个项目进行分数评定即可。

（2）开放式问卷。开放式问卷是由工作分析人员事先设计好问题，由问卷回答者针对问题做出主观的陈述性表达。

2. 问卷调查法的优点和缺点

问卷调查法的优点：①费用低，速度快，节省时间，可以在工作之余填写，不会影响正常工作；②调查范围广，可用于多种目的、多样用途的工作分析；③调查样本量很大，适用于需要对很多工作者进行调查的情况；④调查的资料可以量化，适合于用计算机对结果进行统计分析。

问卷调查法的缺点：①设计合格的调查问卷要花费较多时间、人力、物力，费用成本高；②在问卷使用前，应进行测试，以了解员工对问卷中所提问题的理解程度，为避免误解，还经常需要工作分析人员亲自解释和说明，这降低了工作效率；③填写调查问卷是由工作者单独进行，缺少交流和沟通，因此被调查者可能不积极配合，不认真填写，从而影响调查的质量。

3. 采用调查问卷法的注意事项

采用调查问卷法应注意以下问题：

第一，请专业人士设计合格的问卷，在发放问卷前做问卷测试，对表中的信息进行认真鉴定，结合实际情况，做出必要的调整。

第二，在调查时，应由工作分析人员现场对调查项目进行必要的解释和说明。

第三，督促员工及时填写并回收，避免员工遗忘或不认真填写而影响问卷调查的质量。

(四) 工作日志法

工作日志法是要求任职者在一段时间内实时记录自己每天发生的工作，按工作日的时间记录下自己工作的实际内容，形成某一工作岗位一段时间以来发生的工作活动的全景描述，使工作分析人员能根据工作日志的内容对工作进行分析。

1. 工作日志法的优点和缺点

工作日志法的优点：①可以长期对工作进行全面的记录，提供一个完整的工作图景，不至于漏掉一些工作细节；②能准确地收集关于工作职责、工作内容、工作关系、劳动强度、工作时间等方面的信息；③操作方法简单，节省费用。

工作日志法的缺点：①对于岗位任职者来说，每天记录活动缺乏长久的动力，难以坚持，或可能出现马虎或应付的情况；②员工可能会夸大或忽略某些活动，导致收集的信息可能存在一些误差；③岗位任职者每天填写日志会影响正常的工作；④信息整理的工作量大，归纳较烦琐。

2. 采用工作日志法的注意事项

采用工作日志法应注意以下问题：

第一，向岗位任职者说明填写工作日志对工作分析的重要性，请岗位任职者认真并坚持填写。

第二，合理安排工作时间，给予岗位任职者填写工作日志的时间，避免员工担心填写工作日志而影响工作。

第三，尽量设计标准的工作日志表格，方便员工填写和工作分析人员整理信息。

四、工作说明书的编写

（一）工作说明书编写的内容

1. 工作标志

关于职位的基本信息，是某一职位区别于其他职位的基本标志，通过工作标志，可以向职位描述的阅读者传递关于该职位的基本信息，使其能够获得对该职位的基本认识。工作标志一般包括以下内容：职位名称、职位编号、职位薪点、所属部门、职位类型、直接上级、直接下级、定员人数等。

第一，职位名称确定时应当简洁明确，尽可能地反映该职位的主要职责内容，让人一看就能大概知道这一职位主要是干什么的，比如销售部总经理、人力资源经理、招聘主管、培训专员等。在确定职位名称时，最好按照社会上通行的做法来做，这样既便于人们理解，也便于在薪资调查时进行比较。

第二，职位编号主要是为了方便职位的管理，企业可以根据自己的实际情况来决定应包含的信息。例如，在某企业里，有一个职位编号为 HR-03-06，其中 HR 表示人力资源部，03 表示主管级，06 表示人力资源部全体员工的顺序编号；再比如，MS-04-TS-08，其中 MS 表示市场销售部，04 表示普通员工，TS 表示职位属于技术支持类，08 表示市场销售部全部员工的顺序号。

第三，职位薪点是工作评价做得到的结果，反映这一职位在企业内部的相对重要性，是确定这一职位基本工资标准的基础。

第四，所属部门是指该职位属于哪个部门，一般以"公司名称+部门名称"表示，例如：×××公司人力资源部，也能以"公司名称+部门名称+分组"表示，例如：×××公司人力资源部招聘组。

第五，职位类型是指该职位的性质，一般分为管理类（如人力资源部经理、销售部经理）、专业类（如工程人员 IT 人员、财务人员、人力资源人员、行政管理人员、收银人员、保安主管）、营运类（如客服人员、拓展人员、策划人员、商品管理人员）、采购类（如新产品开发、采购人员）、配送类（如收货人员、仓储人员、发货人员）、销售类（如自营店长、柜组长、售货员、加盟区域经理、店长）、辅助类（如文员、保安员、票据员）。

2. 职位概要

职位概要又称工作目的，就是用一句或几句比较简练的话来说明这一职位的主要工作职责，要让一个对这个职位毫无了解的人一看职位概要就知道它大致要承担哪些职责。例如销售部经理的职位概要可以这样描述："为了促进公司经营销售目标实现，根据公司的销售战略，利用和调动销售资源，管理销售过程、销售组织、联系开拓和维护市场。"而公司前台的职位概要则要这样描述："承担公司前台服务工作，接待安排客户的来电、来访，负责员工午餐券以及报纸杂志的发放和管理等行政服务工作，维护公司的良好形象。"职位概要的书写格式为"工作依据+工作行动+工作对象+工作目的"。

3. 履行职责

履行职责是指该职位通过一系列什么样的活动来实现组织的目标，并取得什么样的工作成果，它是以工作标志和工作概要为基础的。在实践过程中，这一部分是相对较难的，要经过反复的实践才能准确地把握。首先，要将职位所有的工作活动划分为几项职责；然后再将每项职责进一步细化，分解为不同的任务。

例如人力资源部经理这个职位，下面看看这一职位的职责是如何分解的。首先，要将人力资源部经理从事的活动划分成几项职责，可以划分为人力资源规划、招聘培训管理、绩效管理、薪酬福利管理、员工关系管理等。其次，继续对每项职责进行细分。例如人力资源规划这项职责可以细分为：①组织对人力资源现状的统计分析，为人力资源的优化提供决策支持；②审核各部门人力资源需求计划，保证各部门人力资源的合理配置；③组织公司人力资源规划的实施，并根据变化调整人力资源规划方案；④主持对公司组织结构设计、人员需求结构提出改进方案等几项任务。

（1）任务描述

将职位的活动分解之后，就要针对每一项任务来进行描述。描述时一般要注意下面两个问题。

第一，要按照动宾短语的格式来描述，即按照"动词+宾语+目的状语"的格式来进行描述。动词表明这项任务是怎样进行的；宾语表明活动实施的对象，可以是人也可以是事情；目的状语则表明这项任务要取得什么样的结果。例如"组织拟定、修改和实施公司的人力资源管理政策、制度，以提高公司的人力资源管理水平"，其中，"组织拟定、修改和实施"是动词；"公司的人力资源管理政策、制度"是宾语；"以提高公司的人力资源管理水平"是目的状语。

第二，要准确使用动词。使用动宾短语进行描述时，动词的使用是最为关键的部分，一定要能够准确地表示员工是如何进行该项任务的，以及在这项任务上的权限，而不能过于笼统。

先来看几个例子。"负责公司的预算工作……""负责公司的培训工作……""负责公司的保卫工作……"，这是国内大多数企业在编写工作说明书时常用的语句，虽然也使用了动宾短语的格式，但是由于动词的使用不准确，没有清楚地揭示任务应当如何来完成。

"负责"这个动词表面上看起来比较清楚，但是深究起来问题很多，拿"负责公司的培训工作"来说，什么是负责？是指导别人来完成培训叫负责，还是自己亲自完成培训叫负责？根本没有说清楚，因此要尽量避免使用"负责"这类模糊不清的动词，要根据实际情况来准确地选择和使用动词。还拿这个例子来说，如果是人力资源经理，可以这样描述："制订公司的培训计划……"；如果是培训主管，则可以这样描述："具体实施培训计划……"。通过使用"制订""实施"这样的动词，就清楚地表明经理和主管分别是如何来完成培训这项任务的。

（2）职责排列的两个原则

在履行职责部分，有个问题需要注意，如果某职位是由多项职责组成的，那么要将这些职责按照一定的顺序进行排列，而不能胡乱堆砌。在排列职责时有两个原则。

第一，按照这些职责的内在逻辑顺序进行排列，也就是说如果某职位的职责具有逻辑上的先后顺序，那么要按照这一顺序进行排列。例如人力资源部培训主管，这一职位由拟订培训计划、实施培训计划、评估培训效果和总结培训经验等几项职责组成，这些职责在时间上有个先后顺序，因此在排列时就要依次进行。

第二，按照各项职责所占用时间的多少进行排列。有些职位的职责并没有逻辑顺序，就要按照完成各项职责所用的时间多少来排列。当然这一时间比例并不需要非常准确，只是一个大概的估算。

4. 业绩标准

业绩标准就是职位上每项职责的工作业绩衡量要素和衡量标准。衡量要素指对于每项职责，应当从哪些方面来衡量它是完成得好还是完成得不好；衡量标准则指这些要素必须达到的最低要求，这一标准可以是具体的数字，也可以是百分比。例如，对于人力资源部经理这一职位，工作完成的好坏主要表现在员工对企业人力资源管理的满意度、企业人员流动情况、企业人员工作素质和工作技能满足工作岗位要求的情况等。至于满意度达到多少、人员流动率多少如何表示就是衡量标准的范畴了，可以规定员工对企业人力资源管理的满意度不低于80%；企业人员月流动率控制在2%以内，年流动率控制在20%以内；企业人员工作素质和工作技能满足工作岗位的要求不低于80%。

5. 工作关系

工作关系指某职位在正常工作情况下，主要与企业内部哪些部门和职位发生工作关系，以及需要与企业外部哪些部门和人员发生工作关系。主要的工作关系有：报告工作对象、监督对象、内部的关联对象、外部的关联对象。比如人力资源部门经理主要与人力资源总监、各部门经理、人力资源部各主管等内部部门和职位产生工作联系；与劳动就业局、劳动监察部门、社会保障局、各种猎头公司或招聘平台等外部部门产生工作联系。这个问题比较简单，需要注意的问题是，偶尔发生联系的部门和职位一般不列入工作关系的范围之内。

6. 工作权限

工作权限是指根据该职位的工作目标与工作职责，组织赋予该职位的决策范围、层级与控制力度。工作权限主要应用于管理人员的职位，以确定职位"对企业的影响大小"和"过失损害程度"。另外，通过在工作说明书中对该职位拥有的工作权限的明确表达，可以进一步强化组织的规范化，提升任职者的职业化意识，并有助于其职业化能力的培养。在实际的工作说明书中，工作权限一般包括三个部分：人事权限、财务权限、业务权限。如人力资源部经理的权限：①对本部门员工晋升有提名权；②对部门下属员工有工作指导权和监督权；③对各部门的培训和考核工作有监督权和检查权；④对公司人力资源政策有建议权；⑤对各部门及员工的违规行为有制止权和处罚权。

7. 工作特征

工作特征指该岗位在工作中所处的环境、所使用的设备及时间要求等。工作环境是指该岗位在工作中所处的环境，是在室内还是室外；工作环境是否舒适；工作环境的特殊性及危险性，是否需要在高温、高湿、高噪声、震动、粉尘、辐射等环境下工作，是否需要接触有害气体或物质，任职者在这样的环境下工作的时间等；工作的危险性，如可能发生的事故、对身体的哪些部分易造成危害以及危害程度，易患的职业病、患病率、劳动强度等；工作地点的生活方便程度、环境的变化程度、环境的孤独程度、与他人交往的程度等。工作设备是指该岗位在工作中须经常接触的设备，如电脑、传真机、音响器材、表演道具等。工作时间是指工作的时间要求，是否需要经常出差、是否需要上夜班等情况。

8. 任职资格

一般来说，任职资格应包括以下几项内容：正式教育程度、工作经验、工作技能、培训要求、工作能力及知识要求、身体素质要求等。需要强调的是，不管任职资格包括什么内容，其要求都是最基本的，也就是说是承担这一职位工作的最低要求。

（1）正式教育程度。正式教育程度包含两个方面：一是完成正式教育的年限，就是我们常理解的学历水平；二是正规教育的专业。比如，对于人力资源经理这一职位，一般就需要人力资源管理专业的相应学历。

（2）工作经验。对于工作经验的度量可以采用两种不同的尺度：一是社会工作经验，包括过去从事同类工作的时间和成绩以及完成有关工作活动的经历等；二是司龄与公司内部的职业生涯。

（3）工作技能。工作技能是指对与工作相关的工具、技术、方法的运用。不同的职位所要求的工作技能有很大的差异，但在工作说明书中，为了便于对不同职位的技能要求进行比较，一般只关注几项对所有职位通用的技能，包括：计算机技能、外语技能、公文处理技能等。

（4）培训要求。培训要求主要指作为该职位的一般任职者的培训需求，即每年需要多长时间的培训，培训的内容和培训的方式如何等。培训要求时间的度量一般以周为单位，培训方法的界定主要分为在岗培训、脱岗培训和自我培训三种。

（5）能力及知识要求。能力要求包括从事该职位的工作所需的注意力、协调能力、判断力、组织能力、创造能力、决策能力、沟通能力、进取心、责任心、团队合作等；知识要求包括有关理论知识和技术的最低要求，如机器设备的使用方法、工艺流程、材料性能、安全知识、管理知识和技能等，对有关政策、法令规定或文件的了解和拿捏程度等。

（6）身体素质要求。工作任职者从事该职位应具备的行走、跑步、攀登、站立、平衡、旋转、弯腰、举重、推拉、握力、耐力、手指与手臂的灵巧性、手眼协调性、感觉辨别等方面的身体素质要求。

任职资格要求的规定，有些内容是强制性的，必须遵守国家和行业的有关规定。例如电焊工，必须持有劳动部门颁发的焊工证书；再比如司机，不能是色盲，同时还必须持有相应车型的驾驶执照。

（二）工作说明书的科学编制

在编制工作说明书的时候，需要注意以下几个方面。

第一，获得最高管理层的支持。管理层对工作分析和工作说明书的意义的认同和支持对有效完成工作及编写工作说明书具有决定性作用。

第二，员工的参与和配合。企业在编写工作说明书时，各部门的主管以及员工应该积极参加人力资源部组织的相关工作，人力资源部也应做好充分的准备工作，向员工宣传制定工作说明书的意义。

第三，工作说明书应该清楚、明确、具体且简单。在界定工作时，应尽量使用简明的词语来描述工作的目的和范围、责任权限的程度和类型、技能的要求等。另外，文字措辞方式应保持一致，文字叙述应简洁、清晰。

第四，建立动态更新制度。管理者必须随组织机构的变化及时修订工作说明书。如果组织机构改变了，而工作说明书仍是原来的一套，其作用就不能发挥出来。久而久之，工作重叠、职责混淆、管理分配不平衡的问题就会出现，相应地，工作效率降低、员工缺乏积极性、利润下降等现象也会相继产生。

五、工作评价的主要方法

工作评价是指评定各项工作在实现企业目标中的价值，并据此确定各项工作的等级，进而制定各项工作的报酬，为最后构建薪酬结构提供依据。因此，工作评价是工作分析的逻辑结果，其目的是提供工资结构调整的标准程序。岗位评价是执行岗位工资制最关键的一环，因为对岗位评价等级的高低与岗位工资额是直接对应的。

工作评价的主要方法有以下方面。

（一）岗位排序法

排序法是从整体价值上将各个工作岗位进行相互比较，最后将岗位分为若干等级的方法。它包括三种基本的类型，即直接排序法、交替排序法和配对比较排序法。

直接排序法是一种相对比较的方法，是指简单地根据岗位的价值大小从高到低或从低到高对职位进行总体上的排队，是一种定性绩效考核评价方法。

交替排序法是根据绩效考评要素，将员工从绩效最好到绩效最差进行交替排序，最后根据序列值来计算得分的一种考评方法。这种方法的倡导者认为，在一般情况下，从员工中挑选出最好的和最差的，要比对他们绝对的绩效的好坏差异进行评分评价要容易得多。

配对比较排序法也称相互比较法、两两比较法、成对比较法或相对比较法。就是将所有要进行评价的职务列在一起，两两配对比较，其价值较高者可得 1 分，最后将各职务所得分数相加，其中分数最高者即等级最高者，按分数高低顺序将职务进行排列，即可划定职务等级，由于两种职务的困难性对比不是十分容易，所以在评价时要格外小心。

（二）岗位分类法

岗位分类法又称等级描述法，它是排序法的改进，根据事先确定的类别等级，参考岗位的内容进行分等。分类法的主要特点是各种级别及其结构在岗位被排列之前就已建立起来。对所有的岗位评估只须参照级别的定义把被评估的岗位套进合适的级别里面。

（1）岗位分类法的实施步骤：①确定适合的岗位等级数目，岗位等级一般分成两种类型，分层式等级类型和宽泛式等级类型；②明确等级定义，给建立起来的岗位等级做出岗位分类说明，它通常是对岗位内涵一种较为宽泛的描述，等级定义是在选定要素的基础上进行的；③进行评价与分类，这个阶段是评价岗位，并与所设定的等级标准进行比较，将它们定在适合的岗位等级中恰当的级别上。

（2）岗位分类法的优点有：①费用少、容易理解，不会花费很多的时间，也不需要复杂的技术；②克服了适用小型组织、少量岗位的局限性，可以对组织规模较大、较多的岗位进行评估；③灵活性较强，尤其适用于组织中岗位发生变化的情况，可以迅速地将组织中新出现的岗位归类到合适的类别中。

（3）岗位分类法的缺点有：不能清楚地定义等级，因而造成主观地判断岗位的等级；对岗位的评估比较粗糙，只能得出一个岗位归在哪个等级中，岗位之间的价值量化关系不清楚，因此在用到薪酬体系中时会遇到一定困难。

（三）要素计点法

该法首先是选定岗位的主要影响因素，并采用一定点数（分值）表示每一个因素，然后按预先规定的衡量标准，对现有岗位的各个因素逐一评比、估价，求得点数，经过加权求和，得到各个岗位的总点数，最后根据每个岗位的总点数大小对所有岗位进行排序，即可完成工作评价过程。

要素计点法的实施步骤：①进行工作分类。根据组织中各岗位工作性质的差异，对各岗位进行归类；②确定工作评价的薪酬要素，如工作本身、组织的战略和价值观，薪酬要素必须能够让利益相关者接受，并且能够清晰界定和衡量，对岗位进行评价的人应该能够得到类似的结果，薪酬要素之间不能出现交叉和重叠；③确定薪酬要素的等级数量并界定各等级水平；④确定各薪酬要素的相对价值；⑤确定各要素及各要素不同等级的点值；⑥评价待评岗位；⑦建立岗位等级结构。

要素计点法的优点是可以较为精确地反映岗位之间的相对价值关系，缺点是操作比较复杂。

第二节　人力资源规划及其制订

一、人力资源规划的基础知识

人力资源规划有广义和狭义之分。广义的人力资源规划是企业所有人力资源计划的总称，是战略规划和战术计划的统一。狭义的人力资源规划是指为了实现企业的发展战略，完成企业的生产经营目标，根据企业内外环境和条件的变化，运用科学的方法，对企业人力资源的需求和供给进行预测，制定相宜的政策和措施，从而使企业的人力资源供给和需求达到平衡，实现人力资源合理配置，有效管理员工的过程。

（一）人力资源规划的内容范畴

人力资源规划包括总体规划和业务规划。总体规划是在一定时期内人力资源的总目标。业务规划是总体规划的展开和具体化。

1. 人力资源总体规划

人力资源总体规划是人力资源管理活动的基础，它是以企业战略目标为基础，对规划期内人力资源管理的总目标、总政策、实施步骤和总预算的安排。总体规划的主要内容有如下几个方面：

第一，阐述在企业战略规划期内，组织对各种人力资源的需求和各种人力资源配置的总的框架。

第二，阐明人力资源方面有关的重要方针、政策和原则，如人才的招聘、晋升、降职、培训与发展、奖惩和工资福利等方面的重大方针和政策。

第三，确定人力资源投资预算。

2. 人力资源业务规划

人力资源业务规划是指总体规划的具体实施和人力资源管理具体业务的部署。它是人力资源总体规划的展开和具体化，其执行结果应能保证人力资源总体规划目标的实现。人力资源业务规划主要包括：人员配备计划、人员补充计划、人员使用计划、人员培训与开发计划、绩效考核计划、薪酬激励计划、劳动关系和员工参与及团队建设计划、退休解聘计划等。每一项业务计划都由目标、政策或办法及预算等部分构成。

应当注意人力资源业务规划内部的平衡。例如，人员补充计划与培训计划之间，人员薪酬计划与使用计划、培训开发计划之间的衔接和协调。当企业需要补充某类员工时，如果信息能及早到达培训部门，并列入人员培训开发计划，则这类员工就不必从外部补充。又如，当员工通过培训开发提高了素质，而在使用和薪酬方面却没有相应的政策和措施，就容易挫伤员工接受培训开发的积极性。

（二）人力资源规划的作用体现

人力资源规划是人力资源管理工作的一个重要职能，也是人力资源管理工作的基础。人力资源规划的作用体现在以下几个方面。

第一，有利于组织制定战略目标和发展规划。人力资源规划是组织发展战略的重要组成部分，同时也是实现组织战略目标的重要保证。

第二，确保组织生存发展过程中对人力资源的需求。人力资源部门必须分析组织人力资源的需求和供给之间的差距，制订各种规划来满足对人力资源的需求。

第三，有利于人力资源管理活动的有序化。人力资源规划是企业人力资源管理的基础，它由总体规划和各种业务计划构成，为管理活动（如确定人员的需求量、供给量、调整职务和任务、培训等）提供可靠的信息和依据，进而保证管理活动的有序化。

第四，有利于调动员工的积极性和创造性。人力资源管理要求在实现组织目标的同时，也要满足员工的个人需要（包括物质需要和精神需要），这样才能激发员工持久的积极性。只有在人力资源规划的条件下，员工对自己可以满足的东西和满足的水平才是可知的。

第五，有利于控制人力资源成本。人力资源规划有助于检查和测算出人力资源规划方案的实施成本及其带来的效益，通过人力资源规划预测组织人员的变化，调整组织人员的结构，把人工成本控制在合理的水平上，这是组织持续发展不可缺少的环节。

第六，合理地规划利用有限的人力资源为企业创造价值和利益。

（三）影响人力资源规划的因素

影响人力资源规划的因素包括外部因素和内部因素两大方面。

1. 影响人力资源规划的外部因素

（1）经济环境，其主要影响体现在经济形势和劳动力市场的供求关系上。

（2）人口环境，其因素包括社会或本地区的人口规模，劳动力队伍的数量、结构和质量等。

（3）科技环境，如网络技术、新技术引进与新设备的应用等。

（4）政治法律因素，影响人力资源活动的政治法律因素，包括政治体制、经济管理体制、政府与企业关系、人才流动的法律法规、方针政策等。

（5）社会文化因素，不同国家都有自己传统的、特定的文化。形式各异的文化背景为企业人力资源策略的全球化带来了挑战。因此，人力资源主管应懂得如何在各国不同的分支机构中因地制宜地实行不同的策略。

2. 影响人力资源规划的内部因素

（1）企业的经营战略，包括企业的目标、产品组合、经营范围、生产技术水平、竞争、财务及利润目标等。

（2）企业的组织环境，包括现有的组织结构、管理体系、薪酬设计、企业文化等。了解现有组织结构可以预测未来的组织结构。

（3）企业的人力资源结构，包括人力资源数量、素质、年龄、职位等，有时还要涉及员工价值观、员工潜力等。

（四）人力资源管理中人力资源规划的地位

在人力资源管理的所有职能中，人力资源规划是最具有战略性和前瞻性的，是其他人力资源管理活动的基础。

第一，人力资源规划与组织战略目标的关系。人力资源规划的任务就是确保组织在需要的时候能获得一定数量的具有一定技能要求的员工。因此，人力资源规划必须建立在组织战略目标的基础上，同时要成为组织战略规划的一部分。

第二，人力资源规划与工作分析和业绩评估的关系。工作分析和业绩评估为人力资源规划的制订提供了信息。通过工作分析，人力资源规划的制订者能够了解现在和未来的工作岗位的设置状况，每个岗位需要的人员数量，以及每个岗位人员应该具有的知识、技能和经验，预测未来组织对人力资源需求的数量和种类。业绩评估可以使规划制订者了解现有员工的能力结构、技能水平是否能够满足组织战略目标的要求。

第三，人力资源规划与招聘选拔、开发培训和薪酬管理的关系。人力资源规划是组织招聘选拔的基础，它使组织了解哪些位置需要补充员工，补充多少员工，需要员工具有何种技能；所需员工能否从组织内部得到满足，是否需要从组织外部进行招聘；如果在组织内部招聘，现有员工是否需要培训才能适应新的岗位，需要什么培训，培训何时开始等。因此，人力资源规划也是组织人员培训和开发计划的基础。职业生涯计划和培训计划也为员工提供了更为广阔的发展空间。如果组织内部现有人员无法满足组织发展的需要，必须通过外部招聘解决，那么薪酬将成为一个关键因素。组织所需的人力资源的数量和类型，以及这类人员在劳动力市场的供给状态都将影响着组织的薪酬政策。只有薪酬具有竞争力，才有可能吸引和雇用到高素质的人员，也才有可能留住现有员工。

二、人力资源需求预测

人力资源需求预测，是指根据企业的发展规划和企业的内外条件，选择适当的预测技术，对人力资源需求的数量、质量和结构进行预测。它是公司编制人力资源规划的核心和前提。

（一）人力资源需求预测的具体步骤

人力资源需求预测分为现实人力资源需求预测、未来人力资源需求预测和未来流失人力资源需求预测三部分。具体预测步骤如下：

（1）根据职务分析的结果，确定职务编制和人员配置；

（2）进行人力资源盘点，统计出人员的缺编、超编及是否符合职务资格要求；

（3）将上述统计结论与部门管理者进行讨论，修正统计结论；

（4）该统计结论为现实人力资源需求；

（5）根据企业发展规划，确定各部门的工作量；

（6）根据工作量的增长情况，确定各部门还须增加的职务及人数，并进行汇总统计；

（7）该统计结论为未来人力资源需求；

（8）对预测期内退休的人员进行统计；

（9）根据历史数据，对未来可能发生的离职情况进行预测；

（10）将（8）和（9）统计和预测的结果进行汇总，得出未来流失人力资源需求；

（11）将现实人力资源需求、未来人力资源需求和未来流失人力资源需求汇总，即得企业整体人力资源需求预测。

（二）人力资源需求预测的方法分类

人力资源需要预测的方法包括定性方法和定量方法两大类。其中，定性方法包括现状规划法、经验预测法、描述法、德尔菲法；定量方法包括比率分析法、劳动定额法、回归分析法、趋势预测法。

1. 人力资源需求预测的定性方法

（1）现状规划法

人力资源现状规划法是一种最简单的预测方法，较易操作。它是假定企业保持原有的生产和生产技术不变，则企业的人力资源也应处于相对稳定状态，即企业各种人员的配备比例和人员的总数将完全能适应预测规划期内人力资源的需要。在此预测方法中，人力资源规划人员所要做的工作是测算出在规划期内有哪些岗位上的人员将得到晋升、降职、退休或调出，再准备调动人员去弥补就行了。

（2）经验预测法

经验预测法就是利用现有资料，根据有关经验，结合本公司特点，对公司人员需求加以预测。经验预测法可以采用"自下而上"和"自上而下"两种方式。

"自下而上"的预测方式就是由直线部门的经理向自己的上级主管提出用人要求和建议，征得上级主管的同意；"自上而下"的预测方式就是由公司高层先拟定公司总体的用人目标和建议，然后由各级部门自行确定用人计划。

最好是将"自下而上"与"自上而下"两种方式结合起来综合运用。先由公司提出人才需求的指导性意见，再由各部门按相关要求，会同各部门情况确定其需求；同时，由人力资源部门汇总确定全公司的用人需求，最后将形成的人员需求预测交由公司审批。这种方法简单易行，在实际工作中应用广泛。

（3）描述法

描述法是人力资源规划人员通过对本企业在未来某一时期的有关因素的变化进行描述或假设，并从描述、假设、分析和综合中对将来人力资源的需求进行预测规划。由于这是假定性的描述。因此人力资源需求要有几种备选方案，目的是适应和应付环境因素的变化。

（4）德尔菲法

德尔菲法又名专家会议预测法，是 20 世纪 40 年代末在美国兰德公司的"思想库"中发展出来的一种主观预测方法。德尔菲法分几轮进行，每一轮都要求专家以书面形式提出各自对企业人力资源需求的预测结果。反复几次直至得出大家都认可的结果。通过这种方法得出的是专家们对某一问题的看法所达成一致的结果。因此有时也称专家预测法。

采用德尔菲法的步骤如下：①整理相关的背景资料并设计调查的问卷，明确列出需要专家们回答的问题；②将背景资料和问卷发给专家，由专家对这些问题进行判断和预测，并说明自己的理由；③由中间人回收问卷，统计汇总专家们预测的结果和意见，将这些结果和意见反馈给专家们，进行第二轮预测；④再由中间人回收问卷，将第二轮预测的结果和意见进行统计汇总，接着再进行下一轮预测；⑤经过多轮预测之后，当专家们的意见基本一致时就可以结束调查，将预测的结果用文字或图形加以表述。

采用德尔菲法时需要注意以下几个问题。①专家人数一般不少于 30 人，问卷的回收率应不低于 60%，以保证调查的权威性和广泛性。②提高问卷质量，问题应该符合预测的目的并且表达明确，保证专家都从同一个角度去理解问题，避免造成误解和歧义。③要给专家提供充分的资料和信息，使他们能够进行判断和预测；同时结果不要求十分精确，专家们只要给出粗略的数字即可。④要取得参与专家的支持，确保他们能够认真进行每一次预测，同时也要向公司高层说明预测的意义和作用，以取得高层的支持。

2. 人力资源需求预测的定量方法

（1）比率分析法

比率分析法是通过特殊的关键因素和所需人员数量之间的比率来确定未来人力资源需求的方法。该方法主要是根据过去的经验，将企业未来的业务活动水平转化为对人力资源的需要。

比率分析法的步骤如下：①根据需要预测的人员类别选择关键因素；②根据历史数据，计算出关键因素与所需人员数量之间的比率值；③预测未来关键因素的可能数值；④根据预测的关键因素数值和比率值，计算未来需要的人员数量。

选择关键因素非常重要，应该选择影响人员需求的主要因素，并且要容易测量、容易预测，还应该与人员需求存在一个稳定的、较精确的比率关系。由于选择的关键因素不同，可以将比率分析法再细分为两类，即生产率比率分析法和人员结构比率分析法。

生产率比率分析法的关键因素是企业的业务量，如销售额、产品数量等，根据业务量与所需人员的比率关系，可直接计算出需要的人员数量。例如，要预测未来需要的销售人员数量、未来需要的生产工人数量、未来需要的企业总人数，可分别用以下公式计算：

$$销售收入 = 销售人员数量 \times 人均销售额 \qquad （公式：2-1）$$

$$产品数量=生产工人数量×人均生产产品数量 \qquad （公式：2-2）$$

$$经营收益=企业总人数×人均生产率 \qquad （公式：2-3）$$

运用比率分析法的前提条件是生产率保持不变，如果生产率发生变动，则按比率计算出来的预测人员数量会出现较大的偏差。

例如，一个工人一个月生产 800 个零件，计划下月生产 8000 个零件，如果生产率不变，则下个月需要 10 个工人。如果下个月因为改进设备，每个工人的月产量提高成生产 1000 个零件，那就只需要 8 个工人就够了。可见，如果生产率变动，则上述的方法将不再适用。

为了扩大方法的适用范围，也就是为了更加符合现实情况，可以把生产率变化的影响考虑进公式，从而得到以下公式：

$$所需要的人力资源数量=\frac{未来的业务量}{目前人均的生产效率（1+生产效率的变化率）}$$

$$（公式：2-4）$$

使用这种方法进行预测时，需要对未来的业务量、人均生产效率及其变化做出准确的估计，这样对人力资源需求的预测才会比较符合实际，而这往往是比较难做到的。

（2）劳动定额法

劳动定额法是根据劳动者在单位时间内应完成的工作量和企业计划的工作任务总量推测出所需要的人力资源数量。具体的公式如下：

$$N = \frac{W}{Q(1 + R)} \qquad （公式：2-5）$$

式中，N ——人力资源需求量；

W ——计划内任务完成总量；

Q ——企业现行定额；

R ——计划期内生产率变动系数。

（3）回归分析法

回归分析法是运用数学中的回归原理对人力资源需求进行预测。这是数理统计学中的方法，比较常用。它是处理变量之间相互关系的一种统计方法。这种方法中，最简单的是一元线性回归分析，其他还有多元线性回归分析和非线性回归分析。一般而言，人力资源需求量变化起因于多种因素，故可考虑用多元线性回归分析。

回归分析法是通过寻找人力资源需求量预期影响因素（一种或多种）之间的函数关系，从影响因素的变化推知人力资源需求量的变化。在此方法中，通常将人力资源需求量称为因变量，将影响因素称为自变量。当然，当自变量的个数不同时，只考虑一个影响因素建立的模型采用线性回归；考虑多个影响因素建立的模型，则要采用多元统计分析方法。单变量趋势外推法属于一元回归分析，它只是根据整个企业或企业中各部门过去的人员数量变动趋势来对未来的人力资源需求进行预测，而不考虑其他因素对人力资源需求量的影响。其基本的计算公式如下：

$$计划期末所需员工数量=\frac{目前业务量+计划业务量的增长}{目前人均业务量×（1+生产增长率）}$$

（公式：2-6）

（4）趋势预测法

趋势预测法是利用企业的历史资料，根据某些因素的变化趋势，预测相应的某段时期人力资源的需求。趋势预测法在使用时一般都要假设其他的一切因素都保持不变，或者变化的幅度保持一致，往往忽略了循环波动、季节波动和随机波动等因素。一般常用的方法有以下两种。

散点图分析法：该方法首先收集企业在过去几年内人员数量的数据，并根据这些数据画出散点图，把企业经济活动中某种变量与人数间的关系和变化趋势表示出来，如果两者之间存在相关关系，则可以根据企业未来业务活动量的估计值来预测相关的人员需求量。同时，可以用数学方法对其进行修正，使其成为一条平滑的曲线，从该曲线中可以估计出未来的变化趋势。

幂函数预测模型：该模型主要考虑人员变动与时间的关系，其具体公式为：

$$R(t)=atb$$

（公式：2-7）

式中，$R(t)$——t年的员工人数；

a，b——模型参数；

a，b的值由员工人数历史数据确定，用非线性最小二乘法拟合幂函数曲线模型算出。

（三）影响人力资源需求预测的因素

人力资源需求预测所涉及的变量与企业经营过程所涉及的变量是共同的。人力资源需求的影响因素大体可分为以下三类。

1. 企业外部环境因素

随着社会经济的发展，人们对某些产品和服务的需求会增加或减少，因而会影响提供相应产品或服务的企业对人员需求的变化。社会、政治、法律等方面的原因也常常是导致人员需求变化的原因。技术变革与新技术的采用也会引起人员需求的变化。一方面，技术的革新使人均劳动生产率提高，对人员数量的需求可能会减少；另一方面，技术的变革也使得需要运用新技术进行工作的岗位出现人员空缺，需要招聘能够掌握新技术的人员。

2. 企业内部因素

企业的发展战略和经营规划，决定着企业的发展方向、速度、市场占有率等方面的水平，影响企业对人员的需求。

（1）企业的产品或服务的社会需求。一般情况下，在生产技术和管理水平不变的条件下，企业产品需求与人力资源需求成正比关系。

（2）企业所拥有的财务资源对人员需求的约束。如果财务预算高，就有条件雇用较多数量的人员，可以招到更高素质的人才；如果财务预算紧缩，就只能招收较少数量的人员和支付较低的工资。

（3）组织现有的人力资源状况。

3. 人力资源自身因素

人员需求的变化也可能是由于人力资源自身的因素造成的。例如，老员工的退休、员工辞职、合同终止、意外死亡或疾病、各种原因的休假（病假、产假、探亲假等）都会产生工作岗位的空缺，需要招聘正式或临时员工来补充。

三、人力资源供给预测

人力资源供给预测是人力资源规划中的核心内容，是预测在未来某一时期，组织内部所能供应的（或有经培训可能补充的）及外部劳动力市场所提供的一定数量、质量和结构的人员，以满足企业为实现目标而产生的人员需求。

人力资源供给预测与人力资源需求预测有所不同，人力资源需求预测研究的只是组织内部对于人力资源的需求，而人力资源供给预测则需要研究组织内部的和组织外部的人力资源供给两个方面。

（一）人力资源供给预测的典型步骤

人力资源供给预测是一个比较复杂的过程，它的步骤也是多样化的，其典型的步骤有以下几点。

（1）对企业现有的人力资源进行盘点，了解企业员工状况。

（2）分析企业的职位调整政策和历史员工调整数据，统计出员工调整的比例。

（3）向各部门的人事决策者了解可能出现的人事调整情况。

（4）将步骤（2）和步骤（3）的情况汇总，得出企业内部人力资源供给预测。

（5）分析影响外部人力资源预测的地域性因素。此因素包括：企业所在地的人力资源整体状况；企业所在地的有效人力资源的供求现状；企业所在地对人才的吸引程度；企业薪酬对所在地人才的吸引程度；企业所能提供的各种福利对所在地人才的吸引程度；企业本身对人才的吸引程度。

（6）分析影响外部人力资源供给的全国性因素。此因素包括：全国相关专业的大学生毕业人数及分配情况；国家在就业方面的法规和政策；该行业全国范围的人才供需状况；全国范围从业人员的薪酬范围和差异。

（7）根据步骤（5）和步骤（6）的分析，得出企业外部人力资源的供给预测。

（8）将企业内部和企业外部人力资源供给预测汇总，得出企业人力资源供给预测。

这些步骤共同构成了人力资源供给预测。

（二）人力资源内部供给预测的方法

常用的人力资源内部供给预测的方法包括：人力资源信息库（包括技能清单和管理才能清单）、人员核查法、马尔可夫模型等。

1. 人力资源信息库

人力资源信息库是计算机运用于企业人事管理的产物，它是通过计算机建立的记录企业每个员工技能和表现的功能模拟信息库。从人力资源信息库中可获取企业每个员工的晋升、调动、解聘等方面信息，它与传统的个人档案相比具有容量大、调用灵活方便、文字信息丰富充实等优点，能够确切反映员工流动信息。

人力资源信息库针对企业不同人员，大致可分为以下两类。

（1）技能清单

技能清单的设计应针对一般员工（非管理人员）的特点，根据企业管理的需要，集中收集每个员工的岗位适合度、技术等级和潜力等方面的信息，为人事决策提供可靠信息。例如，某企业为一部门提出的技能清单由四个部分组成：①主要说明员工的工作岗位、经验、年龄等；②介绍员工技术能力、责任、学历等；③对员工工作表现、提升准备条件等的评价；④对员工最近一次的客观评价，尤其是对工作表现的评价。

技能清单的内容须根据员工情况的变化而不断更新，一旦出现职位空缺，人力资源部便可根据它所提供的信息及时挑选合适人选。

（2）管理才能清单

管理才能清单集中反映管理者的管理才能及管理业绩，为管理人员的流动决策提供有关信息。主要内容包括：管理幅度范围、管理的总预算、下属的职责、管理对象的类型、受到的管理培训、当前的管理业绩等。

技能清单和管理才能清单是企业人力资源信息库的主要内容。正是因为人力资源信息库能够详细记录企业内部人员的知识和技能状况，能够使企业更加合理、更加有效地使用人力资源，所以建立人力资源信息库成为大多数企业信息系统管理工作的重点。

2. 人员核查法

人员核查法是通过对企业现有人力资源数量、质量、结构在各岗位上的分布状态进行核查，从而掌握企业可供调配的人力资源拥有量及其利用潜力，并在此基础上评价当前不同种类员工的供求状况，以确定晋升和岗位轮换的人选，确定员工特定的培训或发展项目的需求，并帮助员工确定职业开发计划与职业通路。其典型步骤如下：第一，对组织的工作种类进行分类，划分其级别；第二，确定每一职位每一级别的人数。

3. 马尔可夫模型

马尔可夫模型是分析组织人员流动的典型矩阵模型。它的基本思想是：通过发现组织人事变动的规律，由此推测未来的人事变动趋势。马尔可夫模型实际是一种转换概率矩阵，使用统计技术预测未来的人力资源变化。马尔可夫模型通常分几个时期来收集数据，然后再得出平均值，利用这些数据代表每一种职位的人员变动的频率，就可以推测出人员的变动情况。

具体做法是：将计划初期每一种工作的人数与每一种工作的人员变动概率相乘，然后纵向相加，得出组织内部未来劳动力的净供给量。

在实际应用中，一般采取弹性化方法进行调节，即估计出几种概率矩阵，得出几种预测结果，然后对不同预测结果进行综合分析，寻找较合理的结果。

（三）影响人力资源供给预测的因素

人力资源供给预测的影响因素包括以下两大类。

1. 外部人力资源供给的影响因素

对人力资源外部供给进行预测时，要考虑的因素主要有：行业性因素、地域性因素、全国性因素等。

（1）行业性因素。企业所处行业的状况，行业发展前景，行业内竞争对手的数量、实力及其在吸引人才方面的因素等。

（2）地域性因素。企业所在地的人力资源现状，企业所在地对人力资源的吸引程度，当地的住房、交通、生活条件等。

（3）全国性因素。对今后几年国家经济发展情况的预测，科学技术发展和变化的趋势，全国人口的增长趋势，全国范围内的劳动力市场状况，处于变动中的劳动力结构和模式，预期失业率，国家的政策法规等。

（4）人口资源状况。人口资源状况决定了组织现有外部人力资源的供给状况，其主要影响因素包括人口规模、人口年龄和素质结构、现有的劳动力参与率等。

（5）劳动力市场发育程度。社会劳动力市场发育良好将有利于劳动力自由进入市场，由市场工资率引导劳动力的合理流动；劳动力市场发育不健全及双轨制的就业政策，势必影响人力资源的优化配置，也给组织预测外部人员供给带来困难。

（6）社会就业意识和择业心理偏好。一些城市失业人员宁愿失业也不愿从事苦、脏、累、险的工作。例如，应届大学毕业生普遍存在对职业期望值过高的现象，大多数人希望进国家机关、大公司或合资企业工作，希望从事工作条件舒适、劳动报酬较高的职业，而不愿意到厂矿企业从事一般岗位的工作。这些都是社会就业意识和择业心理偏好的表现。

（7）科学技术发展。科学技术的发展对组织人力资源供给有以下影响：掌握高科技的白领员工需求量增大，办公自动化普及使中层管理人员大规模削减，特殊人才相对短缺，第三产业人力资源需求量逐渐增加等。

2. 内部人力资源供给的影响因素

企业内部人力资源供给，主要依靠管理人员和技术人员的不断接续和替补。影响企业内部人力资源供给的因素包括：企业人员年龄阶段分布、员工的自然流失、内部流动、跳槽、新进员工的情况、员工填充岗位空缺的能力等。

四、人力资源供需平衡预测

一般来说，人力资源需求与人力资源供给存在四种关系：供求平衡，即人力资源需求与人力资源供给相等；供不应求，即人力资源需求大于人力资源供给；供过于求，即人力资源需求小于人力资源供给；结构失衡，即某类人员供不应求，而其他类人员又供过于求。一般而言，在整个企业的发展过程中，企业的人力资源状况不可能自觉地始终处于人力资源供求平衡的状态，而是经常处于供需失衡的状态。

人力资源供需平衡是企业人力资源规划的目的，人力资源需求预测和人力资源供给预测都是围绕着人力资源供需平衡展开的。通过人力资源的平衡过程，企业才能有效地提高人力资源利用率，降低企业人力资源成本，从而最终实现企业的发展目标。

人力资源供需不平衡的状态分为三种：供不应求、供过于求和结构失衡。针对人力资源供求不平衡的三种不同状态有三种不同的调整措施。

（一）供不应求

当预测企业的人力资源需求大于供给时，企业通常采用下列措施以保证企业的人力资源供需平衡。

第一，将符合条件而又处于相对富余状态的人员调往空缺职位。

第二，如果高技术人才出现短缺，可拟订培训与晋升计划，当企业内部无法满足时，再拟订外部招聘计划。

第三，如果短缺现象不严重，且本企业员工又愿意延长工作时间，可以根据劳动法的有关规定，制订延长工时并适当增加超时工作报酬计划。这只是一种短期的应急措施。

第四，重新设计工作岗位以提高员工的工作效率，形成机器替代人力资源的格局。

第五，制订聘用非全日制临时用工计划，如返聘已退休者或聘用小时工。

第六，制订聘用全日制临时用工计划。

第七，制定招聘政策，向企业外进行招聘。

（二）供过于求

当预测企业人力资源供给大于需求时，企业通常会采用下列措施以保证企业的人力资源供求平衡。

第一，永久性辞退某些劳动态度差、技术水平低、劳动纪律观念差的员工。

第二，合并和关闭某些臃肿的机构。

第三，鼓励提前退休或内退，对一些接近而还未达退休年龄者，应制定一些优惠措施，如提前退休者仍按正常退休年龄计算养老保险工龄；有条件的企业，还可一次性发放部分奖金（或补助），鼓励提前退休。

第四，提高员工整体素质，如制订全员轮训计划，使员工始终有一部分在接受培训，为企业扩大再生产准备人力资本。

第五，加强培训工作，使企业员工掌握多种技能，增强竞争力。鼓励部分员工自谋职业，同时可拨出部分资金，开办第三产业。

第六，减少员工的工作时间，随之降低工资水平。这是西方企业在经济萧条时经常采用的一种解决企业临时性人力资源过剩的有效方式。

第七，采用由多个员工分担以前只需要一个或少数几个人就可以完成的工作和任务，企业按工作任务完成量来计发工资的办法。这与方法六在实质上是一样的，即都是减少员工工作时间，降低工资水平。

（三）结构失衡

企业人力资源供求完全平衡的情况极少见，即使是供求总量上达到平衡，也会在层次、结构上发生不平衡。对于结构性的人力资源供需不平衡，企业应依具体情况采取相应的调整措施。

第一，进行人员内部的重新配置，包括晋升、调动、降职等，来弥补那些空缺的职位，以满足该部分的人力资源需求。

第二，对现有人员进行有针对性的专门培训，使他们能够从事空缺职位的工作。

第三，进行人员的置换，清理那些企业不需要的人员，补充企业需要的人员，以调整人员的结构。

在制定平衡人力资源供求的政策措施过程中，不可能是单一的供大于求或供小于求，往往可能出现的是某些部门人力资源供过于求，而另外的部门则可能是人力资源供不应求；也许是高层级人员供不应求，而低层级人员却供给远远超过需求。因此，企业应具体情况具体分析，制订出相应的人力资源部门或业务规划，使各部门人力资源在数量、质量、结构、层次等方面达到协调平衡。

五、人力资源规划制订

（一）人力资源规划制订的基本原则

在制订人力资源规划时，应遵循以下原则。

第一，充分考虑内部、外部环境的变化。人力资源计划只有充分地考虑了内、外环境的变化，才能适应需要，真正地做到为企业发展目标服务。内部变化主要指销售的变化、开发的变化，或者说企业发展战略的变化，还有公司员工的流动变化等；外部变化指社会消费市场的变化、政府有关人力资源政策的变化、人才市场的变化等。为了更好地适应这些变化，在人力资源计划中应该对可能出现的情况做出预测，最好能有面对风险的应对策略。

第二，确保企业的人力资源保障。企业的人力资源保障问题是人力资源计划中应解决的核心问题。它包括人员的流入预测、流出预测、人员的内部流动预测、社会人力资源供给状况分析、人员流动的损益分析等。只有有效地保证了对企业的人力资源供给，才可能进行更深层次的人力资源管理与开发。

第三，保证企业和员工都得到长期的利益。人力资源计划不仅是面向企业的计划，也是面向员工的计划。企业的发展和员工的发展是互相依托、互相促进的关系。如果只考虑企业的发展需要，而忽视了员工的发展，则会有损企业发展目标的实现。优秀的人力资源计划，一定是能够使企业员工达到长期利益的计划，一定是能够使企业和员工共同发展的计划。

（二）人力资源规划制订的一般流程

1. 收集有关信息资料

收集有关信息资料，是指分析企业所处的外部环境及行业背景，提炼对于企业未来人力资源的影响和要求；对企业未来发展目标及目标实现所采取的措施和计划进行澄清和评估，提炼对于企业人力资源的需求和影响。

企业正式制订人力资源规划前，必须向各职能部门索要企业整体战略规划数据、企业组织结构数据、财务规划数据、市场营销规划数据、生产规划数据、新项目规划数据、各部门年度规划数据信息，整理企业人力资源政策数据、企业文化特征数据、企业行为模型特征数据、薪酬福利水平数据、培训开发水平数据、绩效考核数据、企业人力资源人事信息数据、企业人力资源部职能开发数据。人力资源规划专职人员负责从以上数据中提炼出所有与人力资源规划有关的数据信息，并且整理编报，为有效的人力资源规划提供基本数据。

2. 人力资源现状分析

人力资源现状分析，是指对现有员工数量、质量、结构等进行静态分析，对员工流动性等进行动态分析，对人力资源管理关键职能进行效能分析。具体包括企业现有员工的基本状况、员工具有的知识与经验、员工具备的能力与潜力开发情况、员工的普遍兴趣与爱好、员工的个人目标与发展需求、员工的绩效与成果、企业近几年人力资源流动情况、企业人力资源结构与现行的人力资源政策等。

3. 人力资源需求预测

人力资源需求预测，是指通过对组织、运作模式的分析及对各类指标与人员需求关系进行分析，提炼企业人员配置规律，对未来实现企业经营目标的人员需求进行预测。需求分析的主要任务是分析影响企业人力资源需求的关键因素，确定企业人力资源队伍的人才分类、职业定位和质量要求，预测未来人才队伍的数量，明确与企业发展相适应的人力资源开发与管理模式。

4. 人力资源供给预测

人力资源供给预测分为企业内部人力资源供给预测和企业外部人力资源供给预测。

企业内部人力资源供给预测主要明确的是企业内部人员的特征，如年龄、级别、素质、资历、经历和技能，收集和存储有关人员发展潜力、可晋升性、职业目标及采用的培训项目等方面的信息。这主要是预测通过企业内部岗位的调动，实际能对需求的补充量。

企业外部人力资源供给预测包括本地区人口总量与人力资源比率、本地区人力资源总体构成、本地区的经济发展水平、本地区的教育水平、本地区同一行业劳动力的平均价格与竞争力、本地区劳动力的择业心态与模式、本地区劳动力的工作价值观、本地区的地理位置对外地人口的吸引力、外来劳动力的数量与质量、本地区同行业对劳动力的需求等。

5. 确定人力资源净需求

确定人力资源净需求，是指在对员工未来的需求与供给预测数据的基础上，将本组织人力资源需求的预测数与在同期内组织本身可供给的人力资源预测数进行对比分析，从比较分析中测算出各类人员的净需求数。这里所说的净需求既包括人员数量，又包括人员的质量、结构；既要确定需要多少人，又要确定需要什么人，数量和质量要对应起来。这样就可以有针对性地进行招聘或培训，为组织制定有关人力资源的政策和措施提供了依据。

6. 制订人力资源规划

制订人力资源规划，是指根据组织战略目标及本组织员工的净需求量，制订人力资源规划，包括总体规划和各项业务计划，同时要注意总体规划和各项业务计划及各项业务计划之间的衔接和平衡，提出调整供给和需求的具体政策和措施。

7. 实施和评估人力资源规划

人力资源规划的实施是人力资源规划的实际操作过程，要注意协调好各部门、各环节之间的关系。人力资源规划在实施过程中需要注意以下几点。

第一，必须有专人负责既定方案的实施，要赋予负责人拥有确保人力资源规划方案实现的权利和资源。

第二，要确保不折不扣地按规划执行，在实施前要做好准备，在实施时要全力以赴。

第三，要有关于实施进展状况的定期报告，以确保规划能够与环境、组织的目标保持一致。在实施人力资源规划的同时，要对其进行定期与不定期的评估。这具体从如下三个方面进行：一是是否忠实地执行了本规划；二是人力资源规划本身是否合理；三是将实施的结果与人力资源规划进行比较，通过发现规划与现实之间的差距来指导以后的人力资源规划活动。

8. 规划的反馈与修正

对人力资源规划实施后的反馈与修正是人力资源规划过程中不可缺少的步骤。评估结果出来后，应进行及时的反馈，进而对原规划的内容进行适时的修正，使其更符合实际，更好地促进组织目标的实现。

（三）人力资源规划制订应注意的问题

在制订人力资源规划时应注意以下问题。

一是全局性。人力资源规划的制订应从全局的角度考虑问题，应具有全局的思想，应概括总体及各局部之间联系的宏观问题。影响总体或全局的某些重要局部问题也应包括在其中。

二是重点性。人力资源的发展是多方面的，而规划工作应该是重要的工作内容。要抓住人力资源发展的主要矛盾的主要方面，即关键的问题、关键的环节、关键的内容。只有抓住关键要素，人力资源规划才能发挥作用。

三是发展性。人力资源规划应体现出总体发展的特征，任何工作都是在不断向前发展的，人力资源工作也是如此。因此规划的各层次都应体现出发展。

四是创新性。人力资源的规划是对未来人力资源宏观工作的指导，而未来组织内外的影响因素都不可能与过去完全一样，所以每一期的规划都应该具有创新性，以适应新环境或新时期的要求。

五是稳定性。作为规划被确定下来后，在总体上应保持相对的稳定性，不能任意调整、朝令夕改，因为调整的代价是昂贵的。只有相对稳定，才便于执行。

六是适应性。人力资源规划要适应外部环境和内部环境。当社会经济整体上的形势处于大发展时期，相关的政策、法规等环境都有利于发展战略的实施时，组织的战略规划应与之适应以求得较大的发展。

第三章　人力资源管理的日常职能工作

第一节　员工招聘与培训

员工是企业生产经营活动开展的重要基础，在人力资源管理中对人员的招聘和培训工作要格外的重视。

一、员工招聘的意义与原则

员工招聘工作的基础是人力资源规划与工作分析。人力资源规划对企业人力资源需求和供应进行分析和预测，为招聘提供了"量"的要求，从而确定配备、补充或晋升的规模。工作分析要分析组织中该岗位的职责、工作任务、工作关系等，以及什么样素质的人才能胜任这一岗位，即任职资格。它为招聘提供了"质"的要求，从而明确谁适合该岗位。因此，人力资源规划的结果能够确定组织究竟缺哪些岗位，而岗位/工作分析的结果，能够使管理者了解什么样的人应该被招聘进来填补这些空缺。

员工招聘实际上主要包括两个相对独立的过程，即招募和甄选（选拔）。招募主要是通过宣传来扩大影响，树立企业形象达到吸引人应聘的目的；而甄选则是使用各种技术测评手段与选拔方法挑选合适员工的过程。[1]

（一）员工招聘的意义体现

招聘是在合适的时间为合适的岗位寻找到合适的人选，由于员工流动、人岗匹配度及组织业务变更等多重问题，招聘工作从没停止过。

第一，补充人员，保证企业正常经营。招聘活动最主要的作用就是通过一系列活动为组织获得所需要的人力资源。在人力资源规划中，人力资源短缺的重要解决办法就是招聘。并且，随着组织的不断发展壮大，对更新人力资源和新增人力资源的需求都必然继续产生。因此，通过招聘满足组织的人力资源需求已经成为十分重要的人力资源管理活动。当前，有些企业的人力资源部门日常的主要工作就是招聘。

---

[1]　吕菊芳主编《人力资源管理》，武汉大学出版社，2018，第92页。

第二，获取高质量的人才，提升组织竞争力。现代企业的成功更多地依赖于管理公司商业运作员工的质量与能力，这意味着企业拥有员工的质量在绝大程度上决定着企业在市场竞争中的地位。招聘工作就是企业通过甄别、筛选，最后获得高质量人才的最佳途径。有效的招聘工作，不仅有助于企业经营目标的实现，还能加快人才集聚，打造企业核心竞争力。

第三，促进组织人力资源的合理流动。组织的招聘活动不仅可以为组织获取合适的人力资源，同时可以通过内部招聘活动解决组织员工晋升及横向流动问题，促进组织人力资源合理流动，提高人岗匹配度。

第四，宣传企业，树立企业形象。员工招聘过程中所运用的大量招聘广告，能使外界更多地了解组织，从而提高组织的知名度。也正因为员工招聘广告有此功能，所以许多组织打出招聘广告，并在其中不失时机地宣传本组织。组织利用招聘活动提高企业及企业产品的知名度与美誉度。

员工招聘其实就是为企业中的空缺职位寻找合适工作人员的过程。事实上，员工招聘的实质是为了让那些具有实力与能力的潜在合格人员对空缺的岗位产生兴趣并主动前来报名应聘。

（二）员工招聘的基本原则

人员招聘除了要为组织招聘到符合标准的员工之外，还是一项经济活动，同时也是社会性、政策性较强的一项工作。因此，在招聘中应坚持以下原则。

1. 公开原则

组织应将招聘方案和所要竞争的工作岗位、职数、任职条件以及程序方法等予以公布。将招聘单位、种类、数量，报考的资格、条件，考试的方法、科目和时间，均面向社会公告周知，公开进行。一方面，给予社会上的人才以公平竞争的机会，达到广招人才的目的；另一方面，也使招聘工作置于社会的公开监督之下，防止招聘工作中的暗箱操作等不正之风。

2. 平等原则

平等原则就是指对于所有报考应聘的人员需要做到公平公正、一视同仁。不可以人为地制定各种不平等条件以及优秀优惠的政策，需要公平地通过考核与竞选来选拔人才。创造出一个公平竞争的环境，设置严格的标准、科学的方法来对候选人进行一系列测评，最后通过测评的结果来确定人选。这样一方面可以选出真正优秀的人才，另一方面有利于企业内员工的进步，避免管理者的主观片面性。

3. 互补原则

在企业中对于人才的管理与使用上，除了要考虑人才的个体能力之外，还需要考虑人才群体的能力与协调力。因为人才也并不是没有弱点可言的，他们也只是在某一方面有突出的表现，在其他方面可能也存在缺点。所以为了将所有人才的优点都发挥到极致，在配置方面必须遵循人才互补的原则，将各个方面的人才聚集到一起，取长补短，互相学习，共同进步，并协调好彼此间的工作，为其创造出放松的工作环境。

4. 择优原则

择优对于招聘来说便是最根本的目的。只有坚持择优，才能够为企业与单位中的工作岗位选出最适合的人才。因此，必须采取考试的考核方法，通过一系列的精心筛选来选出最优秀的人员。

5. 能级原则

能级原则是指将人的能力与岗位相适应，这里所说的"能"，就是指能力、才能、本事；所说的"级"，就是职位、职务、职称。员工招聘录用应当以提高企业效率、提高企业竞争力、促进企业发展为根本目标，为企业人力资源管理确立第一基础。招聘工作，不一定要最优秀的，而应量才录用，做到人尽其才。用其所长、职得其人，这样才能持久、高效地发挥人力资源的作用。

6. 效率原则

效率原则是指根据不同的招聘要求，灵活选用适当的招聘形式，用尽可能低的招聘成本录用到合格的员工。选择最适合的招聘渠道、考核手段，在保证任职人员质量的基础上节约招聘费用，避免长期职位空缺造成的损失。

二、员工招聘的方法

员工招聘一般可分为内部招聘和外部招聘两大类。

（一）员工内部招聘

1. 员工内部招聘的源头

进行内部招聘的源头从形式上说一般分为四种：一是下级的员工，他们通过晋升的方法来获取相关岗位；二是相同职位的员工，他们通过工作调动或者轮换的方式完成岗位的填补；三是上级的员工，一般通过降低职位来填补空缺岗位；四是临时工转正。不过在实际的内部招聘方式中，很少会用到第三种方式，所以最主要的还是第一、二、四三种方式。

使用晋升的方式来填补职位空缺，有利于调动员工的积极性并有助于其个人的发展；工作调换就是在相同或相近级别的职位间进行人员的调动来填补职位空缺，当这种调动发生不止一次时，就形成了工作轮换，这种方式有助于员工掌握多种技能，提高他们的工作兴趣，但是不利于员工掌握某一职位的深度技能，会影响工作的专业性；临时工转正的方式也不失为一种很好的选择，但是要注意避免过度使用不成熟人才现象的发生。

2. 员工内部招聘的方法

员工内部招聘的方法主要有两种。

（1）工作公告法。这种招聘方式是最为常见的内部招聘法。这种方式一般会向职员公告出现空缺的岗位，最终吸引职员来填补空缺的岗位。在公告中要有空缺岗位的相关信息，比如工作内容、资历要求、职位要求、工作时长和薪资待遇等。在发布工作公告的时候还应该考虑到，公告的出现位置应该在较为显眼的地方，让每一个企业员工都能看到公告；公告滞留的时间要在一个月左右，让出差的工作人员也能及时了解到相关信息；凡是申请了职位的工作人员都能收到回馈信息。

（2）档案记录法。一般企业的人力资源部都会有每一个员工的资料简历，里面包含了员工的教育、专业技能、工作经验、成绩和指标等信息，而企业的高管人员就可以通过这些信息鉴别出符合岗位要求的职员。运用这种方法进行招聘的时候，要考虑以下问题：一是员工的档案资料必须都是真实有依据、覆盖面广且比较详细的，由此才有可能甄选出高素质的人才；二是决策出相关人员之后，要考虑本人的意见和想法，看其是否有调配的意愿。

随着时代的发展，各项技术逐渐成熟，越来越多的企业有了相关的人力资源信息部门，对职员个人信息的管理也越来越规范，所以档案记录法的招聘成果和效益会逐渐提高。

3. 员工内部招聘的举措

一是临时人员的转正。企业有时可以把临时工转为正式工，从而补充空缺职位。但在实施临时工转正时，要以能力和绩效为导向，只有那些能力强、符合岗位需求的人员才可以转正；同时，在临时工转正时要注意相关的人事管理政策和法律规定，避免触犯法律。这种内部招聘的方式本身就是一种重要的员工激励方法。

二是返聘或重新聘用。返聘或重新聘用也是一种内部招聘的方法。但需要注意的是，这时需要以能力、经验为标准作为返聘的依据。如果因为权威、资历等其他因素而对相关人员实施返聘，有时反而不利于工作。所以，对于企业的返聘工作，首先，要有一套相应的管理制度；其次，是要对返聘人员进行良好的选择、组织、协调和管理，如何激励和管理返聘人员是其中的难点和重点。

（二）员工外部招聘

1. 外部招聘的主要来源

相比内部招聘，外部招聘的来源相对就比较多，主要有以下来源。

（1）学校。学校是企业招聘初级岗位的重要来源，在中学和职业学校可以招聘办事员和其他初级操作性员工，在大学里则可以招聘潜在的专业人员、技术人员和管理人员。由于学生没有任何工作经验，因此让他们接受企业的理念和文化相对比较容易。

（2）竞争者和不同公司。一些要求具备一定工作经验的岗位，同行业的竞争者和其他的公司无疑是最重要的招聘源头。美国大概有5%的工人在寻找新的工作和面对岗位的改变；经理和专业人员在五年内的其中一个职位会发生改变。此外，从这一来源进行招聘也是企业相互竞争的一种重要手段。

（3）失业者。失业者也是企业招聘的一个重要来源，由于失业者经历过失去工作的痛苦，因此当他们重新就业后会更加珍惜现有的工作机会，工作努力程度比较高，对企业的归属感也比较强。

（4）老年群体。包括退休员工在内的老年群体也构成了一个宝贵的招聘来源。虽然老年人的体力可能有所下降，但是他们具有年轻人不具备的工作经验。由于老年人的生活压力比较小，因此他们对薪资待遇的要求并不是很高，这些对企业都非常有利。

（5）军人。由于军人有真实的工作历史，个人品质可靠，具有灵活、目标明确、纪律性强以及身体健康等特点，因此对企业来说也是非常重要的一个来源。

2. 外部招聘的一般方法

一般而言，外部招聘的方法主要有以下四种。

（1）发布招聘广告。在实施外部招聘时，需要把企业的招聘信息以合适、合理的方式发布出去，以招聘广告的形式展现在可能的申请者面前。这就如同市场营销中的营销广告一样，它直接决定有多少人会来应聘。而这也是招聘阶段非常关键的工作，它的成败直接决定了整个招聘与甄选的可选择范围。所以，在招聘与甄选工作中一定要重视招聘广告的制作和投放。

招聘广告要有效才能招聘到所需要的人力资源。有效的招聘广告，是指企业能把招聘信息以经济上最合理、时间上最快速的方式传递给企业所需要的人力资源，并吸引他们采取最强烈的求职行动的广告。广告的有效程度取决于两个方面：一是广告要考虑媒体的选择；二是广告要传递到目标群体，并激发他们强烈的求职行为。

（2）借助职业介绍机构。我国劳动力市场上出现了很多职业介绍机构，既有劳动部门开办的，也有一些私营的职业介绍机构。这些机构为用人单位与求职者之间搭建了一个很好的桥梁，为用人单位推荐求职者，为求职者推荐工作。很多劳动部门开办的职业介绍机构也定期举办一些人才交流会和招聘会，为企业招聘人才提供了很好的平台。

一般来看，企业在以下情况下才会选用职业介绍机构：①过去企业难以吸引足够数量的申请者；②企业在目标劳动力市场上缺乏招聘经验；③企业需要的员工数量少；④企业急于填充岗位空缺；⑤企业试图招聘到现在正在工作的员工。

（3）推荐招聘。推荐招聘就是指通过企业的员工、客户或者合作伙伴的推荐来进行招聘，这也是外部招聘的一种重要方法。这种招聘方法的好处是：招聘的成本比较低；推荐人对应聘人员比较了解；应聘人员一旦录用，离职率比较低。它的缺点是：容易在企业内部形成非正式的小团体；如果不加控制，会出现任人唯亲的现象；由于推荐的应聘人员不可能太多，因此甄选的范围比较小。

（4）网上招聘。网上招聘也叫作线上招聘和电子招聘，是通过互联网平台开展招聘活动，包含了职位需求的发布、整理简历资料、线上面试、线上评估等步骤。这是对传统招聘流程的一种复制，并且通过线上招聘，整个招聘流程具有互动性，没有地域的限制和具备了远程控制的能力，更有利于人才的招揽，给招聘的方式带来了全新的局面。

近几年通过网络选聘人才的企业数量和人才招聘网站访问次数大幅度持续增长，互联网已经成为单位招聘和人才求职的主要渠道，与传统的人才市场并驾齐驱成为人才供求的集散地。用人单位和毕业生双方在互联网上都可以进行简便快捷的交流和洽谈，不必再奔波于传统的就业市场，大大减少了中间环节，降低了用人单位的招聘成本和毕业生的求职成本，低成本、高回报的网上就业市场成为单位和毕业生招聘求职的首选渠道。

三、员工招聘的开展流程

为了有效地开展招聘工作，提升招聘效果，招聘活动一般应按如下流程开展。

（一）员工招聘计划的制订

招聘计划是关于招聘工作的整体安排和方案。一般最终以计划书文本的形式载明计划期内招聘目标（很多组织的进入计划）、招聘组织与人员、招聘范围、招聘时间、招募方式、选拔方式、政策待遇、时间进度、预算等。

1. 确定招聘目标

招聘目标是对招聘工作结果的要求。其内容一般是为组织招聘多少人，招聘什么样的人。招聘目标来源于人力资源规划书，所以可以通过查阅组织的人力资源规划书来确认。如果没有人力资源规划书或者人力资源规划工作不完善，就需要广泛收集各类信息，进行人力资源需求和供给预测，最终确认人力资源短缺状况作为员工招聘的目标。

招聘目标应确定具体需要招聘人员的数量及其资格条件等。

2. 招聘组织与人员

招聘人员应具备招聘与选拔相关知识及面试、人员测评的技能技巧，对招聘岗位的工作内容及任职要求较为熟悉。另外，企业招聘也是对外宣传的途径，因此，组织的招聘人员应具有良好的个性修养，综上，招聘工作组一般要以人力资源管理部门为主建立，成员包括人力资源部门管理人员和专员、用人部门的管理人员、外聘专家等。用人部门的管理人员较为了解招聘岗位的工作内容及任职要求，但缺乏招聘知识及技能技巧，因此，一般情况下企业的人力资源部门或外聘专家需要对用人部门参与招聘的人员进行招聘知识与技能技艺培训。

3. 招聘范围

招聘范围就是指企业要在多大范围内进行招聘活动，是仅限于组织内部，还是外部；是面向本地区，还是更大的范围。从招聘效果考虑，招聘范围越大，可选择余地越大，效果相应也会越好；但招聘范围越大，招聘工作量就会越大，招聘成本也会越大，因此招聘范围应适度。因此，组织招聘一般先从内部开始，当组织内部没有合适人选或组织人员较短缺时，考虑从外部招聘。对不同类型的人员招聘的范围也不同。

在进行外部招聘时通常要考虑两个因素。一是空缺职位的类型。一般来说，层次较高或性质比较特殊的职位，需要在较大的范围内进行招聘；而层次较低或比较普通的职位，在较小的范围内进行招聘即可。二是企业当地的劳动力市场状况。如果当地的劳动力市场比较紧张，相关职位的人员供给比较少，招聘的范围就要扩大；相反，当劳动力市场比较宽松时，在本地进行招聘就可以满足需求。

一般情况下，对于高级管理和技术人员倾向于在全国范围或全球范围招聘人才。对于一般管理人员和专业技术人员一般会在跨地区（如华北地区）的人才市场上招聘；而对一般的职员及操作人员常在企业所在地劳动力市场进行招聘。

4. 招聘时间的选择

招聘工作的时间选择要能保证新聘人员准时上岗，同时减少人员的闲置。招聘时间的选择一般要考虑用人日期、招聘周期、培训周期，即：

$$招聘日期＝用人日期－培训周期－招聘周期 \qquad (公式：3-1)$$

但同时要考虑招聘成本及培训成本的规模经济效用，即一次招聘人数越多，其招聘及培训的平均成本越低，因此，招聘多结合用人日期分批进行。

5. 招募方式

招募是招聘的一个具体环节，是指将组织的人力资源需求传播出去并接受应聘的工作。对内招募的信息发布可以通过文件、布告及组织内部网络发布，对外招募信息的发布需要结合招聘的人数、招聘范围及招聘人员的特点选择合适的方式发布人力资源需求信息，如报纸广告、网络、人才市场、猎头公司、内部员工等。

6. 录用选拔方式

决定恰当的方式淘汰不合格者和选拔录用符合要求的人。选拔方式一般包括初选（通过简历和应聘材料）、笔试、面试、测评、评价中心技术等。在选拔方式顺序安排上，一般将成本低、效率高的选拔方式（如初选、笔试）安排在前期，将操作难度大、效率低的（如面试）放在后期。

7. 招聘中的组织宣传

在招聘过程中，组织必须利用招聘的机会进行组织形象或者声誉的宣传，一方面，要通过树立组织良好的形象去吸引求职者；另一方面，也要通过招聘过程更好地树立组织形象。

在招聘宣传时，应该向求职者传递准确、有效的组织信息。一般来说，职位薪水、工作类型、工作安全感等是影响人们选择工作职位和工作单位最重要的因素，其次为晋升机会、组织的位置等。此外，组织的产品与服务、组织的管理方式、组织文化、工作条件、工作时间等也是不可忽视的因素。组织应该以诚信的态度传递信息。

8. 其他相关内容

其他包括政策待遇、时间进度、预算等。

政策待遇一般包括工资待遇、福利项目、能接受的培训、可晋升的职位等。

预算是招聘过程中的各项支出预算。如广告费、差旅费、工作人员补贴及加班费、专家费、参会费、体检费、中介费等。

（二）员工招聘的实施

招募：招募就是根据招聘来源设计和发布招聘广告、组织现场招聘、接收应聘材料。

选拔（甄选）：采用笔试、面试、心理测验等方法挑选出最适合组织需要的人的过程。

选拔一般从审查求职申请表、了解个人简历、进行初选开始，然后进行知识或技能测试、面试、心理测验与品行能力检查、体检等。

录用：做出聘用决定、发录用通知、签订劳动合同及试用期管理。

（三）员工招聘评估的内容

招聘评估就是对招聘工作的合法性、准确性、经济性进行评价。

1. 合法性评估

合法性是要求招聘工作符合国家的有关法律、政策和本国利益。招聘工作中涉及要保护组织自身权益的问题，也涉及尊重和保护求职者权益的问题。应坚持我国宪法法律确立的一系列原则，如平等就业、相互选择、公平竞争、禁止未成年人就业、照顾特殊人群、先培训后就业、不得歧视妇女等。按照法律的规定主张自身权利和自觉履行义务，如订立劳动合同、应承担违约责任等。

2. 准确性评估

确保录用人员在数量和质量上都符合招聘目标。

录用人员数量评估主要从录用率、招聘完成率和应聘率三方面进行。

$$录用率 = 录用人数 / 应聘人数 \times 100\% \qquad （公式：3-2）$$
$$招聘完成率 = 录用人数 / 计划招聘人数 \times 100\% \qquad （公式：3-3）$$
$$应聘率 = 应聘人数 / 计划招聘人数 \times 100\% \qquad （公式：3-4）$$

如果录用率越小，则说明录用者的素质可能越高；当招聘完成率等于100%时，则说明在数量上全面完成招聘任务；应聘率越大，则说明招聘信息发布的效果越好。

录用人员的质量评估，可以通过将录用人员能力、潜力、素质与资格要求对比来评价，也可以通过对录用人员任职绩效的考核来评价。

3. 经济性评估

招聘工作也要求有更高的投入产出比。

招聘成本越低越好。招聘成本分为招聘总成本与招聘单位成本。招聘总成本即是人力资源的获取成本，它由两个部分组成。一部分是直接成本，它包括：招聘费用、选拔费用、录用员工的家庭安置费用和工作安置费用、其他费用（如招聘人员差旅费、应聘人员招待费等）；另一部分是间接费用，它包括：内部提升费用、工作流动费用。很显然，招聘总成本与招聘单位成本越低越好。招聘单位成本即人均招聘成本，可通过以下公式计算：

$$人均招聘成本 = 招聘总成本 / 招聘人数 \qquad （公式：3-5）$$

四、人员甄选与录用

（一）人员甄选的步骤

人员甄选的含义为，企业通过一些特定的工具或方式来考核已经录用的求职者，对求职者的人格特点和专业技能素养进行鉴别，从而分析出他们以后的工作绩效。这样一来，企业才能找到真正需要的专业人才，填补岗位空缺。

一般的人员甄选为了达到预期的效果，可分为初选和精选两个步骤。初选阶段是由人力资源部进行选拔，主要围绕着求职者的背景资料、核查资格和初步面试展开。精选则是围绕着笔试、心理评估、二次面试、甄选决定和体检展开，这一步骤是由人力资源部和企业的相关负责人共同完成的。开展的主要步骤分为以下几点。

初次甄选：淘汰与求职要求不匹配和个人资料不真实的求职者。

初次面试：从以往的经验和专业要求淘汰一些求职者。

心理评估测试：对心理测试报告不合格的求职者进行淘汰，或者按比例淘汰分值较低的求职者。

二次面试：这是人员甄选的关键一步，通过诊断面试为最终的决策提出决定性意见。

背景资料的整理与核查：从结果出发，淘汰一些有品德问题的求职者。

能力和岗位要求匹配分析：从岗位要求出发，淘汰严重不匹配的求职者，整个甄选的过程都应该含有匹配分析的环节。

体检：根据体检报告淘汰和岗位要求不相符的求职者。

决定和录用：决策时根据招聘职位的高低而在不同层次的决策层中进行，决策之后就交给相关部门做录用处理。

（二）人员录用的程序及原则

1. 人员录用的程序

第一，确定录用名单。确定录用名单时应坚持原则，它关系到整个招聘工作的成败，录用必须以对应聘者全面考核的结论为依据，依靠集体的力量，由招聘小组成员或高层管理人员集体讨论确定，避免主观偏见的影响，而且要防止不正之风的干扰。

第二，公布录用信息。录用名单确定后，名单应通过一定的方式张榜公布，提高透明度，尤其是内部招聘更应该公布。这样做一方面有利于接受外部监督，另一方面也可防止招聘中的不正之风，纠正招聘过程中的弄虚作假，体现招聘工作的公开、公正、公平原则。

第三，通知应聘者。录用结果确定后，人力资源部门要及时通知应聘者是否被录用。通知方式通常有张榜通知、电话通知与书面通知等。对未录用的应聘者，招聘单位应辞聘，这样做有利于维护组织的良好形象和声誉，也可体现对未录用人员的尊重。在通知被录用者时，最重要的原则是及时，否则，优秀的人才就可能与组织失之交臂。在录用通知书中，应讲清楚什么时候开始报到，在什么地方报到，附录表示如何抵达报到地点的详细说明和其他应该说明的信息。对于所有被录用的人要用相同的方法通知他们，并让他们知道他们的到来对本组织有很重要的意义。如果接到录用通知的优秀应聘者不来组织报到，组织的人力资源部甚至高层主管要主动去电话询问，表示积极的争取态度，并进一步弄清应聘者拒聘的真实原因，采取相应对策。辞谢通知要写得比较委婉，并且用相同的方式通知所有未被录用的应聘者。对每一个参加了面谈的人都应该给予及时的回答，最好是用信函的方式通知。

第四，办理录用手续。被录用的人员应在组织规定的时间内，到组织办理报到各项手续。组织应向当地人事劳动部门办理录用手续，证明录用员工的合法性。

第五，上岗引导培训。上岗引导培训是指给新员工提供有关本组织的基本情况，这些信息对员工做好本职工作是必需的。新员工只有完成上岗引导培训才能从非组织成员变成组织成员，招聘过程也才算真正完成了。进行上岗引导培训的主要原因是新员工与组织之间、与职位之间存在许多不适应的地方，同时新员工对新工作所怀有的期望与工作实际之间存在差异。上岗引导培训可以让新员工适应组织及其特定的职位，协调员工的价值取向与组织的指导活动并使两者取得协调一致。上岗引导培训内容广泛、形式多样，可以是短期的、非正式的，也可以是长期的、正式的。一般而言，上岗引导培训的内容主要包括：组织及其功能；组织的政策和规章制度；企业文化、报酬及福利待遇；工作安排与工作守则；安全及紧急情况程序；关于工作场所的介绍；关于工作群体，以及工作本身的介绍。对普通员工的培训可采用师徒训练、岗位练兵等方法；对管理人员的培训，可采取案例分析、实验性培训、行为分析等方法。通过岗位前培训，使新录用的人员能尽快适应新环境，融入组织中。

第六，签订劳动合同。应聘者成为正式员工，通常是以正式劳动合同的签订为标志。劳动合同规定了双方的劳动关系，明确了双方的责任、权利和义务，对双方同时进行法律约束和保护。应聘者也要及时与前工作单位解除劳动关系，处理好原有工作的交接工作。

2. 人员录用的原则

一是公开原则。公开原则是指企业录用必须面向社会公开进行，做到录用政策、原则公开；录用部门、职位、数量公开；报考条件公开；报考方法、程序、时间公开；考试成绩、录用标准和结果公开。使录用工作置于社会的公开监督之下，防止不正之风，有利于给社会上人才以公平竞争的机会，最大限度地招聘录用到高质量的人才。

二是平等原则。平等原则是指凡符合企业录用规定资格条件的人员，均有平等的权利和机会报名参加招聘并被录取。招聘录用过程中给每一位应聘者提供条件、机会、信息资料均等，严格执行保密规定，避免人为地制造各种不平等的限制，努力为应聘者提供公平竞争的机会，不拘一格地选拔录用各方面的优秀人才。

三是竞争原则。竞争原则是指应聘者必须凭个人能力素质参与竞争，通过企业设定的考录方法和程序，通过笔试、面试、体检、考核四个主要环节的严格考核，以成绩的优劣为判别标准，科学地决定录用人选。动员和吸引的应聘者越多，竞争越激烈，就越容易选拔优秀人才。

四是全面原则。全面原则是指录用前的考试和考核应该兼顾德、智、体诸方面，对知识、能力、思想、品德进行全方位考核。应聘者的质量，不仅取决于其文化程度，还有智力、能力、人格、思想上的差异，其中非智力素质对日后的工作有更大的影响。

五是择优原则。择优原则指应聘者能否被录取，取决于本人能力和业务素质，最后根据应聘者总成绩和体检、考核结果择优录用。录用必须深入了解，全面考核，认真比较，谨慎筛选。

六是量才原则。招聘录用时，必须考虑有关人选的专长，量才录用，做到人尽其才，用其所长，不仅做到人适其位，更要做到位适其人。对于应聘者来说，每个人的知识结构和能力性格是不一样的，招聘方不仅要有发现人才的本领，还要有正确辨别人才的本领。根据人的长处，安排在不同的岗位，扬长避短，让他们的优势发挥到最大。

五、员工培训与开发

培训是指组织以组织发展需要及员工自身发展需要结合为依据，通过一定的方式和手段，促使员工的认识与行为在知识、技能、品行等方面获得改进、提高或增加，从而使员工具备完成现有工作或将来工作所需要的能力与态度的活动。

（一）员工培训的意义表现

第一，员工培训是人力资源开发的重要途径。人力资源开发的主要途径有员工培训、员工激励、职业发展、员工使用和保护等，其中培训是最常用的手段之一。

第二，员工培训能满足企业发展对高素质人才的需要。现代企业之间的竞争归根结底是人才的竞争，企业的发展需要大量高素质的人才。包括高素质的研究开发人员、管理人员、专业技术人员、生产骨干员工等。按照松下幸之助的观点，人才不是"捡"来的，而是企业自己培养的。因此，企业可以通过培训提高员工的素质，满足企业发展的需要。

第三，员工培训能满足员工自身发展的需要。根据马斯洛的需求层次理论，认为需求由低到高可分为生理、安全、社交、尊重和自我实现的需要。尊重和自我实现需求属高层次的精神需求，是员工自身发展的自然要求，它们对人行为的激励作用最大，而这些需求的满足是以自身素质的提高、提升到一定的管理岗位、工作中发挥个人潜能、工作干出一番成就为前提的。这就需要通过培训来实现。

第四，员工培训是提高企业效益的重要手段。通过培训提高了员工的工作技能、端正了工作态度、增强了工作责任心、发展了个人工作能力、满足了员工的发展需要，则会提高员工的满意感而激发其工作热情，最终则有利于提高工作效率，节约劳动消耗，从长远来看可以提高企业效益，因而企业领导者应有长远发展眼光，不能仅考虑眼前利益。

第五，员工培训是一项最合算、最经济的投资。培训需要大量的投入，这种投入不是费用的发生，而是人力资本投资的一种形式，其投资回报率要远远高于其他物质资源投资。

第六，员工培训是企业持续发展的保证。企业持续成长是指在一个较长的时间内，通过持续学习和持续创新活动，形成良好的成长机制，企业在经济效益方面稳步增长，在运行效率上不断提高，企业的规模不断扩大，企业在同行业中的地位保持不变或有所提高。为此也必须通过培训及其他途径提高全体人员的素质，以高素质的员工队伍为保证。

（二）员工培训的方法类别

在人员培训中，管理者或培训者经常需要选择一种培训方法。实际工作中培训员工的方法有很多，如讲授法、研讨法、观摩法、角色扮演法和工作轮换法，其中，讲授法和研讨法最常用。这些方法又分为在职培训和脱产培训两大类。[1]

1. 在职培训法

在职培训法有一对一培训法、教练法和工作轮换法。

（1）一对一培训法

一对一培训法是一种常用的培训方法，在这种培训方法中，培训者和被培训者一对一结对，单独传授，也就是传统的"传、帮、带"和"师徒制"。培训过程包括培训者描述、培训者演示和被培训者在培训者的监督下练习三个环节。当然，在此种培训方法中还可以补充各种文字材料、录像带和其他资料。

一对一培训法的优点：①花费的成本低，在培训过程中，学员边干边学即"干中学"，几乎不需要格外添置昂贵的培训设备；②培训与学员工作直接相关，因为，学员在培训中使用的设备或所处的环境一般与以后工作过程中的非常相似，甚至是相同的；③培训者能立即得到培训效果的反馈；④这种培训方法比较灵活，培训者可根据情况变化随时调整培训内容和方式。

一对一培训方法不足：①在许多组织中一对一培训并没有周详、系统地设计，而是较为随意地进行，换句话说，组织运用此法开展培训工作较为草率；②运用一对一培训法进行培训时，培训内容常常是一些简单、常规、机械式的操作，例如，简单的机械操作、档案管理和简单的清洁工作适合用一对一培训法进行员工培训；③组织中也许找不出合适的培训者，例如组织内没有精通 CAD（计算机图形设计）的人，就不能用一对一培训法开展这项培训工作。

---

[1] 魏迎霞等：《人力资源管理》，河南大学出版社 2017 年版，第 131 页。

（2）教练法

随着人们对体育运动越来越青睐和投入，教练技术也越来越受到人们的关注。一些具有远见卓识的企业管理者，已经将运动场上的教练方式运用到企业培训上来，并形成一种崭新的教练培训方式。

在教练法这种培训方式中，培训对象的教练需要做到三点：一是指导培训对象做出计划、策略，以引导培训对象思考为什么要做、如何做；二是指出培训对象所不能或没有想到的状况等；三是持续地引导与客观意见的反馈。

（3）工作轮换法

工作轮换法亦称轮岗，指根据工作要求安排在不同的工作部门工作一段时间，通常时间为一年，以丰富新员工的工作经验。在历史上出现于日本的工作轮换，主要是以培养企业主的继承人为目的，而不是较大范围内推行的一种培训方法。现在许多企业采用工作轮换法是为培养新进入企业的年轻的管理人员或有管理潜质的未来管理人员。

就优点而言，工作轮换法能改进员工的工作技能、增加员工的工作满意度和给员工提供宝贵的机会。从员工的角度来看，参加工作轮换法培训的员工比未参加这种培训的员工能得到快速的提升和较高的薪水。

就缺点而言，工作轮换法由于不断地进行工作轮换给被培训者增加工作负担，还会引起未参加此种培训的员工的不满。

2. 脱产培训法

脱产培训有讲授法、影视培训法、远程培训法和虚拟培训法等培训方法。

（1）讲授法

讲授法是由培训者向众多学员讲解培训内容，培训者一般是该方面的专家。培训过程中，培训者会鼓励学员参与讨论或提问，但大多数情况下是单向交流，几乎没有实践时间。该方法是最为传统的脱产培训方法之一。

讲授法的优点是：能有效提供相关的基本信息；适用于各种内容的培训；有高超讲授技巧的培训师能提供优秀的培训。当然，讲授培训法也有不少缺点：培训效果受培训师表达能力的影响较大；较少考虑被培训者的理解能力；费用昂贵——培训师每小时的收费标准在几百至几千美元之间；用于某些实践性强的领域（如人际交往）收效甚微。

（2）影视培训法

影视培训法是用电影、影碟、投影等手段开展员工培训，其优点是：学员直观地观察培训项目的过程、细节，引起视觉想象；能随时停下片子的播放，伴以培训师的细致讲解，加深学员的理解，收到良好的培训效果；多次反复地进行，便于学员复习所培训的内容。不足之处是：学员处于被动地位，无法进行相互的交流；高昂的制作成本限制了该培训方法的使用。尽管如此，影视培训法仍深受众多组织的喜爱。

（3）远程培训法

远程培训法指将学习内容通过远距离传输到达学员的学习地点，以供学员学习。由于采用的设备不同而有多种不同的具体形式，如广播、电视、因特网等。目前通过因特网进行培训是最常用的远程培训方式，这与培训内容容易更新、电脑的普及、因特网技术不断改进和网页界面越来越友好有很大的关系。

远程培训法由于具有可以克服空间上的距离，节省时间，在一个特定的时间宽度内能不定期、持续地接受培训，以及学员更易接近电子数据库等众多优点而受到越来越多的组织的青睐。计算机行业巨子IBM[①]就是成功地开展远程化培训的典型例子。IBM培训部将各分部员工所需培训内容进行编辑，制作成电子教材后在内部局域网发布，供学员随时随地上网进行自我培训或集体培训，节约了大量的培训费用，有效地降低了产品成本，收到了良好的培训效果。利用网络开展远程化培训方便、效率高，能满足各种行业的需要，远程化培训利用网络实现跨地区、跨国联网，既满足了异地培训的需要，又比较容易地获取各种新的知识和信息，大大减少了有关培训的支出。

（4）虚拟培训法

虚拟培训法包括时空、内容、设备和角色的虚拟化，具有沉浸性、自主性、感受性、适时交互性、可操作性、开放性和资源共享性等优点。虚拟现实技术为现代组织的人力资源培训开辟了一条新的道路，特别为那些投资成本极高、难度很大、环境危险和操作性较强的技能培训搭建了崭新的培训平台。

经济全球化的发展，导致竞争残酷激烈，无论哪个行业都将规避风险，降低成本变为迎接激烈竞争的有力武器和首要任务。为了满足这种要求，充分利用高科技手段，综合计算机、图形、仿真、通信和传感等技术，为培训建立起一种逼真的、虚拟交互式的三维空间环境，这种与现实世界极其相像的、虚拟的人力资源培训与开发技术应运而生，并开始得到广泛的认可和运用。

建构在虚拟现实技术之上的现代人力资源培训与开发的方法，具有传统培训方法所无法替代的优点，并且体现了信息化这一社会发展特征。随着全球经济一体化，竞争越来越白热化，虚拟化的人力资源培训与开发方法有着强大的生命力和发展前景。

（三）员工培训开发体系的设计

时代的进步和发展让企业对人才的需求随之提高，为了满足自身对人才源源不断的需求，企业人力资源管理的重点在于开发和培训现有的人力资源。所以这也要求企业的培训

---

① 国际商业机器公司或万国商业机器公司，简称IBM（International Business Machines Corporation）。公司总部在纽约州阿蒙克市。

开发系统更加规范化、系统化、流程化、更加有针对性。

一般来说，企业对员工进行培训、整合内部的培训资源主要参照培训开发体系开展，建立和完善规范化的培训开发体系，对企业大有裨益：一是推动人才培养目标的实现；二是让企业的培训工作得到持续性和系统性发展；三是保证培训管理者能够有效评估员工的培训效果。

培训开发体系设计应遵循以下原则。

第一，企业战略为主导。企业设计人力资源培训开发系统是为了实现企业的战略目标，为企业近期甚至是将来人才数量和质量的需求提供保障。因此，在开放体系的具体实施步骤方面，还要从企业长远发展的角度出发组织相关培训工作。

第二，按需施教、学以致用。培训活动不能"一刀切"，要根据员工的层次和类型、基础开展不同的培训，从而提高培训的精准度和成效。这是因为，企业的员工在学历、基础和工作类别、工作层次等方面有很大的区别，为了让他们学习到更多的新技术、新知识、新理念，企业应该分类开展培训活动，对不同类别的员工开展不同的培训才能真正提高他们的技能，进而共同推动企业实现战略目标。

第三，全员培训和重点提高相结合。员工的利益和企业的利益紧密相连，企业的发展和成功也是所有员工一起努力的结果，特别是那些具有高技术的核心人才，他们为企业做出的贡献更大。企业培训并不仅仅包括新人培训和全员普及培训，也要对企业的高层次管理人才和领导层、骨干技术人才开展培训，做到统筹兼顾。

第四，长期性原则。企业的培训并不会取得立竿见影的成效，而是培训内容一点一滴的积累对员工产生潜移默化的影响，从量变转化成质变。因此，企业要充分认识到培训是长久投资和持续投资的过程，要持之以恒才能获得更好的成效。设计培训开发体系时，要坚持以人为本的原则，用长久性和持续性的精神组织培训活动。

第五，主动参与原则。员工培训开发体系的主体是企业的全体员工，同时员工又是企业实现战略目标的具体实施者和参与者，他们对自己的工作职责、工作中存在的问题了如指掌，也更加明白自己或者企业需要改进和提高的方面。因此，企业要充分调动员工的积极性和参与感，使其加入设计员工培训开发体系的过程。一方面，能帮助解决企业发展存在的问题，推动企业的发展；另一方面，能让员工参加培训的热度不断提高。

第六，严格考核和择优奖励原则。不论是大企业还是小企业，都会开展员工培训活动，但是他们取得成效往往有很大的差别，主要是因为培训方式和培训内容对员工的吸引力不同、培训老师的质量不一样，影响最大的因素还是培训的考核和奖励方式。如果将奖励和考核融合到一起，那么员工会十分愿意参加培训，如果严格考核，则员工会用端正的态度参与培训；如果没有考核或者考核比较简单，则员工也不会认真参与。

第七，投资效益原则。员工培训开发体系的建设本质上是企业的一项长期投资，投资的产品是目前企业拥有的人力资源，与其他产品投资类似，企业对人力资源进行投资，利用培训的方式不断提高员工的专业能力，让他们为企业创造更多价值，这才是培训的最终目的。此外，还要依据企业的战略目的，不断调整培训方式和培训内容，争取实现培训效果的最大化。

第二节　员工绩效管理与考核

一、绩效管理的基础知识

绩效管理是基于绩效来进行的，因此我们首先要对绩效有所了解。在一个组织中，广义的绩效包括两个层次的含义：一是指整个组织的绩效；二是指个人的绩效。在本书中，我们讨论的主要是后者，即个人的绩效。

（一）绩效的定义及特点

1. 绩效的定义理解

目前对绩效的界定主要有三种观点：一种观点认为，绩效是结果；另一种观点认为，绩效是行为；再一种观点则强调员工潜能与绩效的关系，关注员工素质，关注未来发展。最后一种观点不再认为绩效是对历史的反应，而是强调员工与绩效的关系，关注员工素质、关注未来发展。在实际应用中，对于绩效概念的认识可划分为五种：①绩效就是完成工作任务；②绩效就是工作结果；③绩效就是行为；④绩效就是结果与过程（行为）的统一体；⑤绩效＝做了什么（实际收益）+能做什么（预期收益）。

在管理学科中，绩效是组织中个人（群体）特定时间内的可描述的工作行为和可测量的工作结果，以及组织结合个人（群体）在过去工作中的素质和能力，指导其改进完善，从而预计该人（群体）在未来特定时间内所能取得的工作成效的总和。

2. 绩效的主要特点

绩效是组织期望的结果，是组织为实现其目标而展现在不同层面上的有效输出，因而它具有多因性、多维性和动态性。

第一，多因性。绩效多因性是指绩效的优劣不是取决于单一的因素，而是由多种因素共同决定的。影响员工工作绩效的因素主要有能力（Ability）、激励（Motivation）、机会（Opportunity）和环境（Environment）四个因素。绩效和影响因素之间的关系可以用一个公式加以表示：

$$P = f (A, O, M, E) \qquad (公式：3-6)$$

在这个关系式中，f 表示一种函数关系；A 就是能力；O 就是机会；M 就是激励；E 就是环境。这个公式表明，绩效是能力、激励、机会和环境四种变量的函数。其中能力和激励为员工自身所拥有，属于主观因素，直接对绩效产生影响；而机会和环境则是客观因素，对绩效产生间接影响。

第二，多维性。绩效多维性就是我们在进行绩效考评工作时，需要从多个角度对员工的绩效进行分析与考评。如在实际中我们不仅要考虑员工完成产量指标的进展情况，还要考虑其出勤、工作态度与其他岗位的协作沟通等方面，综合性得到最终评价。

第三，动态性。绩效动态性就是员工的绩效随着时间的推移会发生变化。在绩效管理中，对员工的绩效考核，其考察的内容只是过去一段时间内工作情况的反映。由于能力水平、激励状态以及机遇、环境因素的变化，绩效差的员工可能会随着时间的推移提高自己的绩效水平，而绩效好的员工却有可能降低自己的绩效水平。

（二）绩效考核和绩效管理的含义

1. 绩效考核的基本含义

绩效考核也称成绩或成果测评，是指企业在既定的战略目标下，运用特定的标准和指标，采取科学的方法，对员工的工作行为及取得的工作业绩和由此带来的诸多效果做出价值判断的过程。绩效考核是企业绩效管理中的一个环节，常见绩效考核方法包括平衡记分卡（BSC：Balanced Score Card）、关键绩效指标（KPI：Key Performance Indicator）及 360 度考核等。

绩效考核本质上是一种过程管理，而不是仅仅对结果的考核。它是将中长期的目标分解成年度、季度、月度指标，不断督促员工实现、完成的过程，有效的绩效考核能帮助企业实现目标。

2. 绩效管理的基本含义

绩效管理是指各级管理者和员工为了达到组织目标共同参与的绩效计划制订、绩效辅导沟通、绩效考核评价、绩效结果应用、绩效目标提升的持续循环过程。绩效管理的目的是持续提升个人、部门和组织的绩效。

绩效管理的过程通常被看作一个循环，这个循环分为四个环节，即绩效计划、绩效辅导、绩效考核与绩效反馈。

绩效管理强调了以下四方面内容。

（1）系统性。绩效管理是一个完整的系统，不是一个简单的步骤，说到底，它是一个管理手段，管理的所有职能它都涵盖：计划、组织、领导、协调、控制。所以，我们必须系统地看待绩效管理。

（2）目标性。绩效管理强调目标管理，"目标+沟通"的绩效管理模式被广泛提倡和使用。只有绩效管理的目标明确了，经理和员工的努力才会有方向，才会更加团结一致，共同致力于绩效目标的实现，共同提高绩效能力，更好地服务于企业的战略规划和远景目标。

（3）强调沟通。绩效管理的过程就是员工和经理持续不断沟通的过程。离开了沟通，企业的绩效管理将流于形式。许多管理活动失败的原因都是因为沟通出现了问题，绩效管理就是致力于管理沟通的改善，全面提高管理者的沟通意识，提高管理的沟通技巧，进而改善企业的管理水平和管理者的管理素质。

（4）重视过程。绩效管理不仅强调工作结果，而且重视实现目标的过程。绩效管理是一个循环过程，这个过程不仅关注结果，更强调目标、辅导、评价和反馈。

3. 绩效考核和绩效管理的关系辨析

绩效考核和绩效管理存在着明显的区别。

一是目的不同。绩效管理是为了达到一定的绩效目标，是以"做事"为中心的；绩效考核的目的，则是为了给一些综合的人事决策提供依据，如薪酬级别的晋升、职位调整等，因此，绩效考核是以"人"为中心的。

二是对象不同。绩效管理对象是单项绩效，包括单项结果绩效和单项行为绩效。绩效考核的对象则是整体绩效，或者说是创造这些绩效的"人"。

三是内容不同。绩效管理包括目标和标准设定、监督和控制等活动。绩效考核则主要包括绩效评价标准设计、绩效评估等活动。

四是周期不同。绩效管理的周期一般来说比较短，并且随着绩效项目的差异而非常灵活。例如，对于生产工人的质量绩效的管理，有时必须以小时为单位来进行。对于科研项目这样本身周期较长的工作，则一般要划分为若干较短的周期，进行绩效管理；而绩效考核的周期较长且相对固定。

综上，绩效考核只是绩效管理的一个环节。换言之，我们不能简单地将绩效管理理解为绩效评价，更不能将绩效管理看作是一件孤立的工作。

（三）绩效管理的主要作用

1. 促进组织和个人绩效的提升

绩效管理通过设定科学合理的组织目标、部门目标和个人目标，为企业员工指明了努力方向。管理者通过绩效辅导沟通及时发现下属工作中存在的问题，给下属提供必要的工作指导和资源支持，下属通过工作态度以及工作方法的改进，保证绩效目标的实现。

在企业正常运营情况下，部门或个人新的目标应超出前一阶段目标，激励组织和个人进一步提升绩效，经过这样的绩效管理循环，组织和个人的绩效就会得到全面提升。

另外，绩效管理通过对员工进行甄选与区分，保证优秀人才脱颖而出，同时淘汰不适合的人员。通过绩效管理能使内部人才得到成长，同时能吸引外部优秀人才，使人力资源能满足组织发展的需要，促进组织绩效和个人绩效的提升。

2. 促进管理流程和业务流程优化

企业管理涉及对人和对事的管理，对人的管理主要是激励约束问题，对事的管理就是流程问题。在绩效管理过程中，各级管理者都应从公司整体利益以及工作效率出发，尽量提高业务处理的效率，应该在上述四个方面不断进行调整优化，使组织运行效率逐渐提高，在提升了组织运行效率的同时，逐步优化了公司管理流程和业务流程。

3. 保证组织战略目标的实现

企业一般有比较清晰的发展思路和战略，有远期发展目标及近期发展目标，在此基础上根据外部经营环境的预期变化以及企业内部条件制订出年度经营计划及投资计划，在此基础上制定企业年度经营目标。企业管理者将公司的年度经营目标向各个部门分解就成为部门的年度业绩目标，各个部门向每个岗位分解核心指标就成为每个岗位的关键业绩指标。

4. 有效地避免管理人员与员工之间的冲突

当员工认识到绩效管理是一种帮助而不是责备的过程式，他们会更加积极合作与坦诚相处。绩效管理不是讨论绩效低下的问题，而是讨论员工的工作成就、成功和进步，这是员工和管理人员的共同愿望。

有关绩效的讨论不应仅仅局限于经理考核员工，应该鼓励员工自我评价以及相互交流双方对绩效的看法。发生冲突和尴尬的情况常常是因为管理者在问题变得严重之前没有及时处理，问题发现得越早，越有利于问题的解决，经理的角色是通过观察发现问题，去帮助他们评价、改进自己的工作，共同找出答案。如果把绩效管理看作是管理双方的合作过程，将会减少冲突、增强合作。

5. 有效地节约管理时间成本

绩效管理可以使员工明确自己的工作任务和目标，他们会知道领导希望他们做什么，可以做什么样的决策，必须把工作做到什么样的地步，何时需要领导指导。通过赋予员工必要的知识来帮助他们进行合理的自我决策，减少员工之间因职责不明而产生的误解。通过帮助员工找到错误和低效率原因的手段来减少错误和差错，找出通向成功的障碍，以免日后付出更大的代价，领导就不必介入到所有正在从事的工作的具体细节管理中，从而有效降低时间成本。

（四）绩效考核的基本原则

绩效考核就是对企业人员完成任务情况的一个跟踪、记录、考评，是绩效管理的重要组成部分。更是管理者与员工之间在工作目标与如何实现工作目标所达成的共识过程，是激励工作人员为实现工作目标，奋发向上、争先创优的有效管理方法。在绩效考核中，应遵循以下十条原则。

第一，全面性原则。全面性原则由绩效的多维性所决定，在考核指标建立时应考虑对工作及员工的多重要求，建立多个指标。

第二，严格原则。考绩不严格，就会流于形式，形同虚设。考绩不严，不仅不能全面地反映工作人员的真实情况，而且还会产生消极的后果。考绩的严格性包括：要有明确的考核标准；要有严肃认真的考核态度；要有严格的考核制度与科学而严格的程序及方法等。

第三，公开原则。绩效考核工作应是公开的，要对评价的标准、考核的程序、考核的方法、时间及考核结果公开，使员工心里有数，积极参与到考评中来，而不是被动地等着上级考评。这样做，一方面，可以使被考核者了解自己的优点和缺点、长处和短处，从而使考核成绩好的人再接再厉，继续保持先进；也可以使考核成绩不好的人心悦诚服，奋起上进。另一方面，还有助于防止考绩中可能出现的偏见以及种种误差，以保证考核的公平与合理。

第四，开放沟通原则。在考核过程中应加强与被考核者的沟通，通过考核者与被考评者沟通，解决被考评者工作中存在的问题与不足，同时通过沟通、反馈完善考核制度。

第五，结合奖惩原则。依据考绩的结果，应根据工作成绩的大小、好坏，有赏有罚、有升有降，而且这种赏罚、升降不仅与精神激励相联系，而且还必须通过工资、奖金等方式同物质利益相联系，这样才能达到考绩的真正目的。

第六，客观公正原则。员工考评应当根据明确规定的考评标准，针对客观考评资料进行评价，尽量避免掺入主观性和感情色彩。公平、公正是确立和推行人员考绩制度的前提，否则，就不可能发挥考绩应有的作用。

第七，反馈原则。考评的结果（评语）一定要反馈给被考评者本人，否则就起不到考评的教育作用。在反馈考评结果的同时，应当向被考评者就评语进行说明解释，肯定成绩和进步，说明不足之处，提供今后努力的参考意见等。

第八，差别性原则。考核的等级之间应当有鲜明的差别界限，针对不同的考评等级在工资、晋升、使用等方面应体现明显差别，使考评带有刺激性，鼓励职工的上进心。差别性原则还表现在对不同类型的人员进行考核，内容要有区别。

第九，相对稳定原则。考核指标和方法及评价的频度要具有一定的稳定性，朝令夕改，员工没有归属感，不利于长久地激励员工，更不利于组织的稳定性。

第十，实用性原则。考核应充分考虑企业人力资源管理的水平及企业的经营特点和行业特点，还须考虑绩效管理方案制订和实施所需的人力、财力和物力。考评工具和方法是否适合员工的素质特点。

二、绩效管理的实施流程

在实践中，绩效管理是按照一定的步骤来实施的，这些步骤可以归纳为四步：绩效计划、绩效实施、绩效评价和绩效反馈，它们构成了一个完整的循环周期和管理系统。

（一）绩效计划阶段

绩效计划是整个绩效管理过程的开始，是一个确定组织对员工的绩效期望并得到员工认可的过程。绩效计划包含两方面内容：做什么和如何做。所谓做什么，就是员工个人的绩效目标；而如何做，就是实现目标的手段及工作要求，即绩效标准。绩效计划必须清楚地说明期望员工达到的工作结果以及为达到该结果所期望员工表现出来的行为和技能。

1. 绩效计划制订的参与者

与传统的计划过程及管理活动的其他计划类型相比，绩效计划是管理者与员工的双向沟通过程，其制订是全员参与的过程，是一个由下而上的目标确定过程，可以将个人目标、部门目标与组织目标结合起来。

因此绩效计划需要由三方共同制订：人力资源管理专业人员、员工的直接上级即各个职能部门主管和员工本人。人力资源管理部门主要负责监督和协调工作；各职能部门主管人员必须积极参与，特别是要参与绩效目标的制定；最关键的是让员工参与计划的制订，明确自己的职责和任务，这样员工会更容易接受绩效计划，并努力达到预期的结果。

2. 确定绩效目标

绩效目标，是对员工在绩效评价期间的工作任务和工作要求所做的界定。设立绩效目标是组织目标、期望和要求压力的传递过程，同时也是牵引工作前进的关键。

（1）绩效目标的来源

确定绩效目标是绩效管理的第一个环节，前提是企业要有明确的发展战略目标。管理者在设定绩效目标时，一般应根据组织战略及上一级部门的目标并围绕本部门的职责、业务重点和流程要求，制定本部门的工作目标，以保证本部门、本岗位的工作朝着组织要求的总体目标发展。因此，绩效目标大致有以下三个来源。

一是企业的战略目标或部门目标。员工的绩效目标来源于直接上级即部门的绩效目标，而部门的绩效目标又是根据组织目标分解而来的。这样在企业中，如果所有人都实现了他们各自的目标，则他们所在部门的目标将可能达到，因而企业整体目标的实现也就成为可能。

二是工作岗位职责。工作岗位职责是描述一个工作岗位对组织应有的贡献或产出。每个部门必须将各自的部门目标分解落实到每个具体的工作岗位上，绩效目标则是对在一定条件下、一定时间范围内所要达到的结果的描述。

三是业务流程目标。企业业务流程的目标和手段是由组织的内部和外部客户的需求驱动而产生。因此在设定员工绩效目标时，必须兼顾组织内外部客户的需求，才能保证企业业务流程的顺畅。

总之，在设立绩效目标时应综合考虑这三方面来源，从系统的角度，将组织目标、岗位目标和流程（客户）目标结合思考，确保目标设置的科学性、合理性。

（2）绩效目标的设置原则

设置绩效目标要遵循三个原则。

第一，导向原则。即依据公司总体战略目标及上级目标来设立部门或个人目标。

第二，SMART 原则。SMART 原则的具体含义如下：Specific 目标必须是明确、具体的；Measurable 目标必须是可以衡量的；Attainable ——目标经过员工的努力是完全可以达到的；Relevant ——目标必须与公司的战略目标、部门的任务及职位职责相联系；Time-based ——目标必须有明确的时间要求，应该在一定时间内实现。

第三，承诺原则。即上下级共同制定目标，并做出要努力实现目标的承诺。

3. 确定绩效标准

绩效标准说明按什么尺度对员工绩效进行评价，是明确员工的工作要求。绩效指标的评价标准是绩效管理的难点和重点，因为它关系着部门与部门之间以及个人的切身利益。在制定绩效标准的过程中管理人员应当认识到以下几个方面。

第一，绩效标准是基于工作而非基于工作者。它表明员工完成其工作达到令人满意和可以接受的水平是什么，即评价标准应是依据工作本身建立的。因此通常通过工作分析将工作要求转化为工作评价标准。

第二，绩效标准应当是经过努力可以实现的。评价标准应该在员工能力所及范围内，但又比一般水平高一些，具有一定的挑战性。

第三，绩效标准要预先公之于众，让下属清楚地了解。标准应该经过主管和员工共同讨论，主管和员工都能对标准达成共识，这样的标准才能够反映他们的共同期望。此外，评价标准要记录在案，进入人力资源信息管理系统。

第四，绩效标准要尽可能具体而且可以衡量。按照目标激励理论的解释，目标越明确，对员工的激励效果就越好，因此在确定绩效标准时应当具体清楚，不能含糊不清，这就要求尽可能地使用量化的标准。量化的绩效标准，主要有以下三种类型：一是数值型的标准；二是百分比型的标准；三是时间型的标准。绩效标准量化的方式则分为两种：一种是以绝对值的方式进行量化；另一种是以相对值的方式进行量化。此外，有些绩效指标不可能量化或者量化的成本比较高，主要是能力和态度的工作行为指标。对于这些指标，明确绩效标准的方式就是给出行为的具体描述。

4. 确定绩效评价周期

绩效评价周期，是指多长时间对员工进行一次绩效评价，即评价的时间、频率。由于绩效评价需要耗费一定的人力、物力，因此评价周期过短会增加企业的管理成本；但绩效评价周期过长，又会降低绩效评价的准确性，不利于员工工作绩效的改进，从而影响绩效管理的效果。所以实际中，一般的绩效管理周期是半年或一年。在具体评价时间的选择上，一般部门间评价和客户/下属评价应早于主管人员对下属评价的完成时间，这样人力资源部门才留有时间向部门和主管人员进行反馈沟通，调整最终结果。

5. 绩效计划的内容

在绩效周期开始时，管理者和员工要对双方协商达成的绩效计划签字确认，也就是签订绩效契约。所谓绩效契约，就是管理者和员工就员工工作的绩效目标和标准达成的一致性契约。通常，经过绩效计划之后，管理者和员工应该能够就以下问题达成共识：

（1）员工在本绩效周期的主要工作内容和职责是什么？应实现哪些工作结果？

（2）这些结果可以从哪些方面衡量，评判标准是什么？

（3）员工各项工作目标的权重如何？

（4）从何处获得关于员工工作结果的信息？

（5）员工在完成工作任务时拥有的决策权限如何？可以得到哪些资源？

（6）员工应如何分阶段地实现各种目标，从而实现整个绩效周期的工作目标？

（7）员工在达到目标的过程中可能遇到哪些困难和障碍？如何应对？

（8）管理者和员工如何对工作的进展情况进行沟通？如何防止出现偏差？

（9）管理者会为员工提供哪些支持和帮助？如何与员工保持沟通？

（10）员工工作好坏对部门和企业有哪些影响？

（11）员工是否需要学习新技能以确保任务的完成？

最后要说明的是，要保证计划的灵活性。也就是说，当情况变化时，必须调整或修改整个计划或其中的部分内容。

（二）绩效实施阶段

绩效实施阶段是绩效管理循环中耗时最长也是最关键的一个环节，其好坏直接影响绩效管理目标的实现及绩效管理工作的成败。这一阶段的主要工作是要进行持续不断的绩效沟通和收集绩效信息，最终形成绩效评价的依据。

1. 绩效沟通

绩效沟通是指管理者与员工在共同工作的过程中分享各种与绩效有关的信息的过程。即管理者与员工一起讨论有关工作的进展情况、潜在障碍和问题，解决问题的可能措施以及如何向员工提供支持和帮助等信息的过程。前面已经指出，绩效管理的根本目的是通过改善员工的绩效来提高企业的整体绩效，只有每个员工都实现了各自的绩效目标，企业的整体目标才能实现。因此在确定绩效目标后，管理者还应当帮助员工实现这一目标。

在绩效实施的过程中，管理者与员工进行持续沟通的目的主要有三点：①通过持续的沟通为员工提供信息；②通过持续的沟通为管理者提供信息；③通过持续的沟通对绩效计划进行调整。

（1）绩效沟通的内容

绩效沟通的主要内容包括：①工作的进展如何？②员工的工作状态如何？③工作中哪些方面进展顺利？为什么？④工作中哪些方面遇到了困难或障碍？为什么？⑤绩效目标和计划是否需要修正？如果需要，如何修正？⑥员工需要哪些帮助和支持？⑦管理者能够提供哪些资源和信息？采取哪些行动来支持员工？

（2）绩效沟通的方法

正式沟通：正式沟通是指在正式的情景下进行的事先经过计划和安排的按照一定规则和制度进行的沟通形式。在绩效沟通中，常见的正式沟通方法主要有书面报告、正式面谈和会议。

非正式沟通：绩效沟通除了正式沟通之外，还有大量的非正式沟通方法。对于员工来讲，无论任何形式的正式沟通都会让他们产生紧张的感觉，致使很多真实的想法无法表达出来。而非正式的沟通形式气氛轻松、形式活泼，更容易让员工发表自己的意见，实现充分的交流。作为好的管理者，除了要善于运用正式沟通方法之外，还应该充分利用各种各样的非正式沟通机会，及时、便捷地获取工作信息和员工的真实想法。非正式沟通方法包括：走动式沟通、开放式沟通、工作间歇沟通及非正式的会议等。

2. 收集绩效信息

绩效实施阶段除了持续不断的绩效沟通外，还要进行绩效信息的收集和记录，为下一阶段员工绩效的评价提供可靠依据。

绩效信息收集的目的：①绩效信息是进行绩效评价及相关决策的事实依据；②绩效信息是绩效诊断与改进的有力依据；③绩效信息是劳动争议解决的重要证据。

（1）绩效信息的内容

信息的收集和记录需要耗费大量的时间、精力和金钱，因此并非所有的信息都需要记录和收集，也不是收集的信息越多越好。所收集的信息应该与工作绩效紧密相关，以该岗位的关键绩效指标或绩效目标、计划作为依据进行信息的收集是常用的方法。

通常来说，应该收集的绩效信息内容主要包括：①工作目标或任务完成情况的信息；②证明工作绩效优秀或不良的事实证据；③来自内外部客户的积极和消极的反馈信息；④与员工进行绩效沟通的记录；⑤员工因工作或其他行为受到表扬或批评的情况。

（2）绩效信息收集的渠道与方法

信息收集的渠道可以是企业中所有的员工和与之相关的客户：有员工自身的汇报和总结，有同事的共事与观察，有上级的检查和记录，有下级的反映与评价，也有客户的反馈和建议。如果企业中所有的员工都具备绩效信息的反馈意识，各条渠道畅通、信息来源全面，就能够给绩效管理带来极大的帮助与支持，便于得出更真实客观的绩效评价结果。

信息收集方法有观察法、工作记录法、他人反馈法等。收集方法的正确有效与否直接关系到信息质量的好坏，而每种方法都有一定的局限性，因此各种方法的综合运用是值得推荐的，当然也要考虑到收集的成本和效率。在实际操作中要注意有目的的收集，要收集事实而不是判断，让员工参与收集，采用科学、先进的方法收集信息。

（三）绩效评价阶段

绩效评价，又称绩效评估、绩效考评，指在评价周期结束时，评价主体对照工作目标或绩效标准，采用科学的评价方法，评定员工的工作任务完成情况、工作职责的履行程度和能力发展情况的过程。

1. 绩效评价主体

绩效评价主体应该是能够接触员工工作并获得员工绩效信息的人员，一般包括五类：上级、同事、下级、员工本人和客户。

上级：这是最为主要的评价主体。上级评价的优点是：由于上级对员工承担直接的管理责任，因此他们通常最了解员工的工作情况；此外，还有助于实现管理的目的，保证管理的权威。其缺点在于评价信息来源单一，容易产生个人偏见。

同事：由于同事和被评价者在一起工作，因此他们对员工的工作情况也比较了解；同事一般不止一人，可以对员工进行全方位的评价，避免个人的偏见；此外，还有助于促使员工在工作中与同事配合。同事评价的缺点是：人际关系的因素会影响评价的公正性，和自己关系好的就给高分，不好的就给低分；大家有可能协商一致，相互给高分；还有可能造成相互的猜疑，影响同事关系。

下级：下级作为评价主体。其优点是：可以促使上级关心下级的工作，建立融洽的员工关系；由于下级是被管理的对象，因此了解上级的领导管理能力，能够发现上级在工作方面存在的问题。下级评价的缺点是：由于顾及上级的反应，往往不敢真实地反映情况；有可能削弱上级的管理权威，造成上级对下级的迁就。

员工本人：让员工本人作为评价主体进行自我评价。其优点是：能够增加员工的参与感，加强他们的自我开发意识和自我约束意识；有助于员工对评价结果的接受。缺点是：员工对自己的评价往往容易偏高；当自我评价和其他主体评价的结果差异较大时，容易引起矛盾。实际工作中，上级与自我评价相结合的方法是最常用的。

客户：即由员工服务的对象来对他们的绩效进行评价，这里的客户不仅包括外部客户，还包括内部客户。客户评价有助于员工更加关注自己的工作结果，提高工作的质量。它的缺点是：客户更侧重于员工的工作结果，不利于对员工进行全面的评价；此外，有些职位的客户比较难以确定，不适于使用这种方法。

由于绩效本身具有多维性，而不同评价主体从不同角度观察和感受，自然对同一员工的工作绩效判断不同。为了保证绩效评价的客观公正，应当根据评价指标的性质来选择评价主体，选择的评价主体应当是对评价指标最为了解的。例如，"协作性"由同事进行评价培养部属的能力，由下级进行评价，"服务的及时性"由客户进行评价，等等。此外，由于每个职位的绩效目标都由一系列的指标组成，不同的指标又由不同的主体来进行评价，因此每个职位的评价主体也有多个。当不同的评价主体对某一个指标都比较了解时，这些主体都应当对这一指标做出评价，以尽可能地消除评价的片面性。各种评价主体并不是相互孤立、相互排斥的，而是应该根据岗位特点选择多个评价主体即多视角的方法，以保证评价结果的客观性、公正性。当然，这样做也必然会增加评价的时间和成本，因此要量力而行。

2. 绩效评价类型与方法

绩效评价类型繁多，按评价时间可分为定期评价与不定期评价；按评价对象可分为高层管理者评价、中层管理者评价、专业技术人员评价、一般员工评价等；按评价目的可分为晋升评价、加薪评价、职称评定评价等；按评价主体可分为上级评价、自我评价、同级评价、下级评价、顾客或利益相关者评价等。

实践中，进行绩效评价的方法有很多，企业应当根据具体的情况来选择合适的方法（详见本节第三部分内容）。

3. 绩效评价中的常见误区

由于绩效评价是一种人对人的评价，在这一过程中往往会出现一些错误，从而影响评价的效果。绩效评价中容易产生的误区，一般有以下几种。

（1）晕轮效应。在绩效评价中对某人产生晕轮效应，就是以员工某一方面的特征为基础而对总体做出评价，而就可能对其弱点视而不见。通俗地讲就是"一好遮百丑"，一旦评价者对被评价者某一方面的评价很高或很低，就有可能影响到对该被评价者其他方面的评价也较高或较低。

（2）偏见误差。这种误差是由包括籍贯、性别、性格、年龄和种族等偏见造成的，在绩效评价中时有发生，比如认为女性的工作能力、工作效率不如男性，或认为年纪较大的人开拓创新精神不够、比较保守等。又如，在跨国公司的绩效评价中，白色人种的员工一般会比有色人种的员工得到更高的评价。

（3）近期误差。近期误差指以员工在近期的表现为根据对整个绩效评价周期的表现做出评价，而忽视长期一贯表现。例如，评价周期为半年，员工只是在最近几周提前上班，以前总是迟到，评价主体就根据最近的表现给员工的出勤情况评为优秀。

（4）首因效应。首因效应就是人们平常所说的第一印象，即评价主体根据员工的最初表现而带来的第一印象来对整个绩效评价周期的表现做出评价。例如，员工在评价周期开始时非常努力地工作，绩效也非常好，即使他后来的绩效并不怎么好，上级还是根据其良好的第一印象而对他在整个评价周期的绩效做出较高的评价。

（5）类己倾向。类己倾向指评价者根据本人的偏好来对被评价对象进行评价，与自己相似的就给予较高的评价，与自己不同的就给予较低的评价。例如，一个作风比较严谨的上级，对做事一丝不苟的员工评价比较高，而对不拘小节的员工评价比较低，尽管两个人实际的绩效水平差不多。

（6）对比效应。对比效应分为两方面：一是历史对比，即随着时间的推移对同一个考评对象的打分产生逐年升高的趋势；二是横向对比，即将被评价者与其周围的人进行比较后给予评价分数。这两种评价都不是以考评标准和实际绩效的比较做出判断。

（7）溢出效应。溢出效应指根据员工在评价周期以外的表现对评价周期内的表现做出评价。例如，生产线上的工人在评价周期开始前出了一次事故，在评价周期内他们并没有出现问题，全是由于上次事故的影响，上级对他们的绩效评价还是比较低。

（8）宽大化倾向。这种错误是指评价主体放宽评价的标准，给所有员工的评价结果都比较高。与此类似的错误还有严格化倾向和中心化倾向，前者指掌握的标准过严，给员工的评价结果都比较低；后者指对员工的评价结果比较集中，既不过高，也不过低。

为了减少甚至避免以上错误，应当采取以下措施：第一，建立完善的绩效指标体系，绩效评价指标和评价标准应当具体、明确；第二，选择恰当的评价主体，评价主体应当对员工在评价指标上的表现最为了解，这两个问题在前面已经做过详细的阐述；第三，选择合适的评价方法，如强制分布法和排序法就可以避免宽大化、严格化和中心化倾向；第四，评价开始前应该对评价主体进行专业的培训，给他们指出这些可能存在的误区，从而使他们在评价过程中能够有意识地避免这些误区；第五，建立和健全评价工作的申诉、反馈、监控机制。

4. 绩效评价结果的运用

绩效管理成功的关键在于绩效评价结果如何应用。在绩效管理实践中，绩效评价结果主要用于两个方面：一是通过分析绩效评价结果，诊断员工存在的绩效问题，找到产生绩效问题的原因，制订绩效改进计划以提高员工的工作绩效；二是绩效评价结果是其他人力资源子系统的决策依据，如用于薪酬方案的分配和调整、用于员工的招聘和选拔、用于员工职位的晋升、用于员工的培训与开发等。

(四) 绩效反馈阶段

所谓绩效反馈，就是使员工了解自身绩效水平的各种管理手段。即上级要就绩效评价的结果和员工进行面对面的沟通，指出员工在绩效评价期间存在的问题，并一起制订出绩效改进计划。为了保证绩效的改进，还要对绩效改进计划的执行效果进行跟踪。作为绩效管理的最后一个阶段，绩效反馈具有承上启下的作用：一方面，通过绩效评价结果的合理运用，完美地结束现有的绩效评价周期；另一方面，通过绩效改进计划导入新的绩效评价的开始，使绩效管理呈螺旋式循环发展。

绩效反馈的作用表现在：首先，绩效反馈是考核公正的基础；其次，绩效反馈是绩效改进的保证；最后，绩效反馈是传递组织期望的手段。

1. 绩效面谈

绩效评价结束后，管理者需要就上一个绩效周期中员工的表现和绩效评价结果与员工进行一次甚至多次面对面的交谈。通过面谈，管理者可以总结和交流员工的绩效表现，使双方对绩效评价结果达成共识，在此基础上，帮助员工制订绩效改进计划，明确下阶段绩效目标和计划，并为员工的个人发展提供信息。

(1) 绩效面谈的准备

首先，选择合适的时间与地点。管理者应与员工事先商讨双方都能接受的时间，选择安静、轻松的地方实施面谈。在进行绩效面谈的时候，管理者最好能够拒绝接听任何电话、停止接待来访的客人，以避免面谈受到不必要的干扰。管理者应注意安排好双方面谈时的空间距离和位置，双方成一定夹角而坐，可以给员工一种平等、轻松的感觉。

其次，收集整理信息资料。由于绩效面谈针对的主要内容是上一阶段绩效评价的结果，这个过程必然是围绕着评价员工上一阶段工作情况展开的。管理者需要收集整理面谈中需要的信息资料，包括员工的《职位说明书》《计划工作表》《绩效评价表》等。

最后，计划面谈的内容。管理者在计划面谈内容时，应该考虑以下问题：确定该次面谈所要达到的目的；设计开场白；面谈的具体内容、程序及方式；如何妥善处理员工的对抗情绪等。

（2）绩效面谈的过程

第1步：营造和谐气氛。

第2步：说明面谈的目的、步骤和时间。

第3步：根据预先设定的绩效指标讨论员工工作完成情况。

第4步：分析失败与成功的原因。

第5步：讨论员工行为表现与组织价值观相符合的情况。

第6步：讨论员工在工作能力上的强项和有待改进的方面，并一起制订出绩效改进的计划。

第7步：讨论员工的发展计划。

第8步：为员工下一阶段的工作设定目标和绩效指标。

第9步：讨论员工需要的资源与帮助。

第10步：双方签字认可。

2. 衡量绩效反馈效果

员工绩效改进计划是绩效反馈的结果，是根据员工绩效评价结果，通过面谈交流，指出员工在绩效评价期间存在的问题，并一起制订出绩效改进的计划，以帮助员工改进和提高工作能力、方法和习惯。绩效改进计划中应包括：需要改进的方面、改进措施和期望达到的水平、责任人及改进期限。衡量绩效反馈效果时，可以从以下几个方面进行考虑：

（1）此次反馈是否达到了预期的目的？

（2）下次反馈时，应当如何改进谈话的方式？

（3）有哪些遗漏必须加以补充？又有哪些无用的内容必须删除？

（4）此次反馈对员工改进工作是否有帮助？

（5）反馈是否增进了双方的理解？

（6）对于此次反馈，自己是否感到满意？

对于得到肯定回答的问题，在下一次反馈中就应当支持；得到否定回答的问题，在下一次反馈中就必须加以改进。

以上四个环节构成了绩效管理的一个完整循环。其中，绩效计划和绩效实施是绩效评价的准备和保障，绩效反馈将绩效评价结果在管理者和员工之间进行传递，这样可及时发现员工遇到的困难、工作优势和工作技能方面的欠缺，为员工提供有针对性的培训，使得员工工作业绩和工作技能提高，进而实现组织目标。

三、绩效考核的常用方法

在实践中，绩效考核的方法有很多，每种方法都有自己的优缺点。绩效考核方法在整个绩效评价中只是一个基本条件，而有关各方在评价中的相互信任、管理者和员工态度、评价目的、信息来源及人员培训等各种因素对于整个绩效评价的成败都是非常关键的。因此企业在进行绩效评价时，应当根据具体情况选择合适的评价方法，以保证绩效管理实施的正确性和有效性。

（一）比较法

比较法是一种相对评价的方法，通过员工之间的相互比较从而得出评价结果。这类方法设计比较简单而且容易操作，并可以在一定程度上避免宽大化、严格化和中心化倾向的误区。但是，这种方法对实现绩效管理的目的，发挥绩效管理作用的帮助却不大，不能提供有效的反馈信息。因为这类方法不是对员工的具体业绩、能力和态度进行评价，难以将员工绩效与组织战略目标联系起来，只是靠一种整体的印象来得出评价结果，主观性较强；难以进行绩效反馈；此外，无法对不同部门的员工做出比较，绩效结果接受度小。比较法主要有以下几种。

1. 排序比较法

排序比较法指依据某一评价维度，如工作质量、工作态度，或者依据员工的总体绩效，将被评价者从最好到最差依次进行排序，这是一种古老而简单的绩效评价方法，也是最常用的方法。在实际操作中，排序比较法分为简单排序法和交替排序法。

（1）简单排序法。简单排序法是依据某一标准将本部门所有员工按照绩效成绩从高到低进行排序。这种方法花费时间较少，成本较低，适用于员工绩效差别较大，员工数量较少的情况。

（2）交替排序法。交替排序法是对简单排序法的改进，是根据某些工作绩效评价指标将员工从绩效最好的到绩效最差的进行排序。根据心理学的识别极端情况较为容易这一原理，运用交替排序法进行绩效评价时，将绩效最优和最差的挑选出来，作为整个序列的第一和倒数第一，再从剩余的被考评员工中挑选出绩效最好和最差的，排在整个序列的第二和倒数第二，依次反复进行，直至将所有员工排序完毕。交替排序法是一种应用非常普遍的工作绩效评价方法。

排序比较法最大的优点是简单实用，评价结果一目了然；缺点是当被评价人数较多时不适合使用，并容易给员工造成心理压力。

2. 强制分布法

强制分布法也称为强制正态分布法、硬性分布法，这种方法基于这样一个假设：即企业的所有部门都同样具有优秀、一般、较差的员工，在进行绩效评价时，要求评价人员依据正态分布规律，即俗称"中间大、两头小"的分布规律，预先确定好评价等级以及各等级在总数中所占的百分比，然后按照被评价者绩效的优劣程度将其列入其中某一等级。

强制分布法的优点是可以拉开差距，通过评价等级的强制分布来提高绩效评价的效果，另外，可以在一定程度上克服平均主义、过分宽松和过分严厉倾向。其缺点是将员工的绩效假设为某一概率分布并不合理，当一个部门中员工绩效都较为优秀或普遍较差时，评价者挑选优秀员工或较差员工会感到很为难；此外，当某一部门内的员工少于五人时，就无法用强制分布法确定绩效等级。

3. 配对比较法

配对比较法也称为两两比较法或对偶比较法，是较为细化和有效的一种排序方法。其具体做法是：将每一位被评价者按照所有评价要素，如工作质量、工作数量、工作态度等，与所有其他员工一一进行比较，优者记为"+"，逊者记为"−"。把所有员工都比较完以后，计算每个人得"+"的个数，依此对员工做出评价，排出次序。谁得"+"的个数多，谁的名次就排在前面，由此列出他们的绩效名次。

配对比较法的优点是直观明确，使用方便；缺点是一旦被评价的人过多，这种方法就会显得很复杂、很费时间，一般用于不超过 10 人的绩效评价。

（二）评级量表法

评级量表法又称图评价尺度法，是最简单、运用最普遍的工作绩效评价方法之一，是将绩效评价的指标和标准制作成量表，然后借助设计好的等级量表来对员工进行考评。使用评级量表进行绩效考评时注意两个因素：一是评价项目，即要从哪些方面对员工的绩效进行评价，在表中要列出有关的绩效评价项目，并说明每一项目的具体含义；二是评定等级，即对每个评价项目分成若干等级，并给出每一等级相应的分数，由考评者对员工每一考评项目的表现做出评价和记分，最后计算出总分，得出考评结果。

评级量表法的优点是：因为有了统一的标准，因此可以在不同的部门之间进行评价结果的横向比较；由于有了具体的评价指标，因此可以确切地知道员工到底在哪些方面存在不足和问题，有助于改进员工的绩效，为人力资源管理的其他职能提供科学的指导，简单实用而且开发成本小。这种方法的主要缺点是：受主观因素影响较大，因为每个考评者给予被考评者的分值都是个人的主观看法。

（三）关键事件法

关键事件法（Critical Incidents Method）是 1954 年由美国学者弗拉赖根（Flanagan）和伯拉斯（Baras）共同创立的，是以记录直接影响工作绩效优劣的关键性行为为基础的评价方法。所谓关键事件，是指员工在工作过程中做出的对其所在部门或企业有重大影响的行为，这种影响包括积极影响和消极影响。使用关键事件法对员工进行绩效评价时，要求管理者将员工日常工作中非同寻常的好行为或非同寻常的坏行为认真记录下来，即强调的是代表最好或最差表现的关键事件所代表的活动，然后在一定的时期内，主管人员与下属面对面交流，根据所做的记录来讨论员工的工作绩效。例如，工厂生产部经理的职责之一是监督原材料采购成本和库存控制，而关键事件表明，上个月的原材料库存成本上升了20%，这就为将来的绩效管理工作指明了方向，即生产部经理可以通过降低库存成本来提高工作绩效。

关键事件法具有以下优点：首先，对关键事件的行为观察客观、准确，而且对关键事件的记录为绩效评价结果提供了确切的事实依据；其次，可以确保在对员工进行考评时，所依据的是员工在整个考察周期内的工作表现，而不是员工在近期内的表现，也就是说可以减小近期效应所带来的评价偏差；最后，通过对关键事件的记录可以使管理人员获得一份关于员工通过何种途径消除不良绩效的实际记录，对未来行为具有一种预测的效果。其缺点是：耗时耗力；对关键事件的定义不明确，不同的人有不同的理解；最大的问题是管理人员可能漏记关键事件，在很多情况下，管理人员都是一开始忠实地记录每一个关键事件，到后来失去兴趣或因为工作繁忙等原因而来不及及时记录，等到考评期限快结束时再去补充记录，这样，有可能会有夸大近期效应的偏差，员工也可能会误认为管理人员编造事实来支持其观点，因而容易引起员工与管理者之间的摩擦。

（四）行为锚定等级评价法

行为锚定等级评价法（Behaviorally Anchored Rating Scale Method，BARS）是由美国学者史密斯（Smith）和肯德尔（Kendall）在美国全国护士联合会的资助下于 1963 年提出的一种评价方法。这种方法利用特定的行为锚定量表来描述员工的行为和绩效，是传统的评级量表法和关键事件法的结合。使用这种方法，可以对关键事件中的有效行为和非有效行为的工作行为进行更为客观的描述。由于行为锚定等级评价法需要大量的员工参与，一般容易被部门主管和员工接受。该方法的具体实施步骤有以下内容。

第一步，确定关键事件。由一组对工作内容较为了解的人（员工本人或其直接上级）找出一些代表各个等级绩效的关键事件。

第二步，初步建立绩效评价指标。将确定的关键事件合并为几个（通常是 5~10 个）绩效指标，并给出绩效指标的定义。

第三步，重新分配关键事件，确定相应的绩效评价指标。向另外一组同样熟悉工作内容的人展示确定的评价指标和所有的关键事件，要求他们对关键事件进行重新排列，将这些关键事件分别归入他们认为合适的绩效指标中。如果第二组中一定比例的人（通常是 50%~80%）将某一关键事件归入的评价指标与前一组相同，那么就能够确认这一关键事件应归入的评价指标。

第四步，确定各关键事件的评价等级。由后一组的人评定各关键事件的等级，确定每个评价指标的"锚定物"。

第五步，将每一个评价指标中包含的关键事件从好到坏进行排列，建立最终的行为锚定等级评价表。

行为锚定等级评价法的优点是，它是一种行为导向型的评价方法，工作承担者直接参与了绩效评估，具有很强的指导和监督行为的能力；有关工作绩效的计量更为精确，绩效评价标准更为明确，具有良好的反馈功能；各种评价指标之间有着较强的相互独立性，而且连贯性较好。其主要缺点是其设计和实施成本高，往往需要聘请人力资源管理专家帮助设计，测试之前一般要进行多次测试和修改，表格多，文字描述耗时耗力，不便于管理；经验性的描述有时易出现偏差；另外，评价者在尝试从量表中选择一种代表某员工绩效水平的行为时往往会有困难，因为有时一个员工的行为表现可能出现在量表的两端，尽管科学的设计过程有助于避免这种情况，但实践中难免会有这种情况发生。

（五）目标管理法

目标管理（Management By Objectives，MBO），是指一种程序或过程，它使组织中的上下级一起协商，根据组织的使命确定一定时期内组织的总目标，由此决定上下级的责任和分目标，并把这些目标作为组织经营、评估和奖励的标准。

如果一个领域没有目标，那么这个领域里的所有工作都将被忽视，这些工作也将是没有意义的。因此，我们的领导者必须通过目标对下级进行管理，在确定组织目标后，通过一系列的设计和分解过程，将目标和责任落实到部门和个人，以便到最后督促组织目标实现和控制员工绩效的过程。这就是所谓的目标管理。目标管理的基本步骤是：设置目标—实现目标—评估目标。

1. 设置目标

根据组织的整体战略和目标，通过专门的设计过程制定出严谨的目标体系，以协商为基础将组织目标逐一分解到各部门和个人。作为整个环节最重要的部分，目标设置的合理性与有效性意义非常重大。一个好的设置目标过程应该有三个要点：一是强调领导者与下属之间围绕工作目标应进行双向互动，且反复讨论修正；二是目标应该通过努力可以达到，不是轻而易举就可以实现的；三是数目不宜太多，控制在 5~6 个，而且目标是可以量化的，目标是结果导向型的，各下级在参与获知自身目标时了解权、责、利的对等。

2. 实现目标

通过目标设计体系把目标分解到个人之后，上下级还要共同制订目标的行动计划，员工便可以实施行动计划了。一般来说，员工可按照自身的工作方式和工作习惯完成任务，其自主空间大，实现自我控制。整个过程只需要一个预警机制，领导则可以少干预员工，在目标实现过程中授予员工相应的资源配置的权力。在实现目标的过程中有两点需要把握，一个是预警机制；另一个是调整修正机制。目标管理下，预警机制在保证充分授权、结果导向的同时，也保证了目标进度的可控性；调整机制是指在战略平衡记分卡出现调整或者新的重要任务出现时，目标也需要相应调整。这两个机制在实现的过程中意义重大，企业应设置专门的部门来监控和调整。此外，由于目标管理的关键是激发员工的积极主动性，因此，反馈和沟通的渠道必须畅通。

3. 评估目标

目标的评估指依据前期设置的目标来——审核完成情况，并进行最终打分，并强制排名，最终与绩效工资或奖金挂钩以激励员工。评估目标的关键是看目标落实情况，找出达到目标过程的成功与失败原因，以便为下一次制定目标奠定基础。

目标管理法的优点是：绩效评价者的作用从判断者转换成顾问和促进者，员工也从被动的被评价者变成了积极的参与者，充分发挥了员工的积极性、主动性、创造性，加强了员工成就感，部分地实现"自我管理"。员工和评价者均参与了评价的全过程，从根本上有利于工作目标和绩效目标的实现。其缺点是目标的制定和修改都要花费不少的时间，而且绩效目标往往与部门或者职务特点密切相关，没有在员工之间和工作部门之间建立起统一的工作目标，因此不便于对员工和各个工作部门的工作绩效进行横向的比较，而且员工只关注自身目标的完成。

（六）360 度反馈评价法

360 度反馈评价法（360-Degree Feedback System）又被称为全方位全视角评价法，是一种较为全面的绩效评价方法，它是指帮助一个组织的员工（主要是管理人员）从与自己发生工作关系的所有主体那里获得关于本人绩效信息反馈的过程。这些信息的来源包括：上级监督者自上而下的反馈；下属自下而上的反馈；平级同事的反馈；被考评者本人的反馈；企业外部的客户和供应商的反馈。

360 度反馈评价法的基本原理是：员工的工作是多方面的，工作业绩也是多维度的，不同个体对同一工作会得出不同评价。因此，通过上级主管、同事、下属、客户和供应商等信息渠道来收集绩效信息，进行多方面、全方位的评价，更能准确地评价员工的工作业绩。同时，员工通过这种全方位的信息渠道了解各方面的意见，从而更能清楚自己的优点和不足。

360 度反馈评价法的优点是：方法较简单，可操作性强；全方位、多角度的信息反馈，管理者可获取第一手资料，可以避免一方评价的主观性，更具民主性，增强绩效评价的信度和效度；增进沟通，促进发展，有利于团队建设。其缺点包括：信息收集成本较高；偏差有时源于个人的某些不合群的嗜好，对人员素质有较高要求；有时会出现小团体主义倾向，容易出现"相互帮忙"或有意报复的不良现象，结果有失真的可能。

（七）平衡记分卡法

平衡记分卡 BSC（Balanced Score Card）是从四个角度——财务角度、顾客角度、内部业务流程角度、学习与成长角度——出发，运用一系列绩效评价指标，简明系统地描述公司经营活动行为和战略目标的战略绩效管理工具。

平衡记分卡法打破了传统的只注重财务指标的绩效管理方法。在 20 世纪 90 年代以前，几乎全世界的企业都采用单一的财务考核体系对企业进行评价。随着基于知识的全球化竞争环境的日益形成，单一的财务考核系统在企业绩效考评实践中的弱点逐渐暴露出来：单一的财务指标仅能衡量过去的经营活动结果，无法评估未来的绩效表现，容易误导企业未来的发展方向；容易使经营者过分注重短期财务结果与急功近利，产生强烈的操纵报表数字的动机，因而不愿就企业长期战略目标进行资本投资；单一的财务考核体系偏向对有形资产的考核和管理，而在信息时代，正是企业的无形资产和智力资产形成的现在和未来的生产能力成为企业取得成功的关键因素，组织必须通过在客户、供应商、员工、组织流程、技术和革新等方面的投资，获得持续发展的动力。

1. 平衡记分卡法的内容解析

平衡记分卡法以公司的战略目标和竞争需要为基础，强调非财务指标的重要性，通过对财务、顾客、内部业务流程、学习与成长等四方面的绩效评价来沟通企业目标、战略重点和企业经营活动的关系，实现短期利益和长期利益、局部利益和整体利益的均衡。平衡记分卡的每一个角度都有一组绩效评价指标，这些绩效评价指标可以是公司目前的绩效标准，也可以是下一阶段的奋斗目标、企业愿景。其中，财务是最终目的，顾客是关键，内部业务流程是基础，学习与发展是核心。平衡记分卡法使管理者能够从以下四个重要方面来观察企业，并为四个基本问题提供了答案。

（1）顾客角度：市场份额、客户留住率、客户获得率、顾客满意度、顾客获利水平等。

（2）内部业务流程角度：以确认客户和股东的要求为起点、满足客户和股东要求为终点的全新的内部经营过程。

（3）学习与成长角度：组织为了实现长期的业绩而必须进行对未来的投资，包括对雇员的能力、组织的信息系统等方面的衡量。

（4）财务角度：列示了组织的财务目标，并衡量战略的实施和执行是否在为最终经营成果——投资报酬率的改善做出贡献。

2. 平衡记分卡法的实施流程

平衡记分卡法的实施流程包括四个阶段：前期准备、构建记分卡、设计运作系统、反馈和修正。在实施平衡记分卡法时应注意以下问题：

（1）切勿照抄照搬其他组织的经验和模式；

（2）提高组织管理信息质量的要求；

（3）正确对待平衡记分卡实施时投入成本与获得效益之间的关系；

（4）平衡记分卡的执行要与奖励制度相结合。

3. 平衡记分卡法的优缺点

平衡记分卡法的优点是：能有效地将组织的战略转化为组织各层的绩效指标和行动，有助于各级员工对组织目标和战略的沟通和理解，使整个组织行动一致，服务于战略目标；可以克服财务评估方法的短期行为，实现组织长远发展；有利于组织和员工的学习成长和核心能力的培养，提高组织整体管理水平。

平衡记分卡法的主要缺点是：方法较复杂，且不适用于所有类型的组织，一般来说，处于竞争激烈的市场中，有明确的企业愿景和战略目标，有规范的财务绩效评价指标，有自己的客户群、销售渠道和先进的生产设施的企业才适用平衡记分卡法。

第三节　员工薪酬与福利管理

现阶段，随着我国社会经济的不断发展，在人们生活水平不断提高的同时，企业员工对薪酬的要求也越来越高。"因此企业管理人员的管理理念就要转变，在满足员工薪酬需求的同时也应该能够使薪酬福利充分发挥激励作用，不断提高员工的工作积极性，从而促进企业持续发展。"[1]

---

① 刘艺博：《企业薪酬福利管理工作中存在的问题与解决措施》，载《商场现代化》2019 年第 9 期，第 85-86 页。

一、薪酬概述

(一) 与薪酬相关的概念

1. 报酬

在为一个组织或一位雇主工作的时候，劳动者之所以愿意付出自己的劳动、时间、技能等，是因为他们期望自己能够获得与个人劳动价值相符的回报。通常情况下，我们将一位员工因为为某个组织工作而获得的所有各种他认为有价值的东西统称为报酬。

我们可以用两种不同的方式来对报酬进行分类。一种方法是将报酬划分为经济报酬和非经济报酬；另一种划分方法是将报酬划分为内在报酬和外在报酬。经济报酬和非经济报酬之间的界线是，某种报酬是不是以金钱形式提供的，或者能否以货币为单位来加以衡量。经济报酬通常包括各种形式的薪酬和福利（其中，薪酬又被称为直接报酬，福利又被称为间接报酬）。而非经济报酬则包括成长和发展的机会、从事富有挑战性的工作的机会、参与决策的机会、特定的个人办公环境、工作地点的交通便利性等。内在报酬和外在报酬之间的区别在于，某种报酬对劳动者所产生的激励是一种外部刺激，还是一种发自内心的心理激励。

2. 薪酬

薪酬显然是报酬的一部分，但是对于薪酬到底应包含哪些报酬，目前并无完全一致的定论。对于薪酬的概念，通常可以划分为三类。

第一种是宽口径的界定，即将薪酬等同于报酬，即员工由于完成了自己的工作而获得的各种内在的报酬和外在的报酬。

第二种是中等口径的界定，即员工因为雇佣关系的存在而从雇主那里获得的各种形式的经济收入以及有形服务和福利。这一概念包括薪酬（直接经济报酬）和福利（间接经济报酬）。

第三种是窄口径的界定，即薪酬仅仅包括货币性薪酬（基本薪酬和激励薪酬或浮动薪酬之和），而不包括福利。

在本书中，我们将采用第三种定义方式，即薪酬仅仅包括直接的货币性薪酬（其中包括固定部分和浮动部分两方面内容），但是不包括福利。为了行文上的方便和用语的简练，我们在有些时候也会简单地用"薪酬"一词来代表"薪酬福利"，比如"薪酬管理"一词实际上往往包括薪酬和福利两部分内容的管理，而"薪酬调查"也包括薪酬和福利两方面内容的调查。

3. 总薪酬

总薪酬有时也称为全面薪酬，它概括了各种形式的薪酬和福利，其中包括基本薪酬、激励薪酬、津贴和补贴、福利、股票和股权等其他多种经济性报酬。

（1）基本薪酬

基本薪酬根据员工的职位、所承担的职责、所需要的技能等因素决定，常常忽视员工之间的个体差异。基本薪酬是员工能获得的稳定报酬，是员工收入的主要部分，也是计算员工其他收入，如绩效加薪、某些重要福利的基础。假设某企业实行工时定额的某流水线操作工，每一个工时的工资是 10 元，操作工的基本薪酬所得就取决于工作时间的长短，平时加班将按该标准的 150%、周末按 200%、节假日按 300% 支付。

绩效加薪也属于基本薪酬的范畴，它是根据员工工作绩效确定的基本薪酬的增长，许多企业有类似的规定，在年度绩效评估中被评为优秀的员工，会在下一年获得基本薪酬增加 10%~20% 的待遇。

（2）激励薪酬

激励薪酬是薪酬系统中与绩效直接挂钩的经济性报酬，有时也称为绩效薪酬、可变薪酬或奖金。激励薪酬的目的是在绩效和薪酬之间建立起一种直接的联系，这种业绩既可以是员工个人的业绩，也可以是组织中某一业务单位、员工群体、团队甚至整个公司的业绩。由于在绩效和薪酬之间建立了这种直接的联系，激励薪酬对于员工具有很强的激励性，对于组织绩效目标的实现起着非常积极的作用。它有助于强化员工个人、群体乃至全体员工的优秀绩效，从而达到节约成本、提高产量、改善质量以及增加收益等多种目的。

绩效加薪与激励薪酬都与员工绩效相关，所不同的是，绩效加薪是对员工过去优秀绩效的一种奖励，它是以员工个人的绩效评价等级为基础的，而激励薪酬是提前约定好的，比如奖金多少、收益分享的比率等，激励薪酬是为了影响员工将来的行为；绩效加薪是对基本工资的永久增加，而奖金是一次性支付。

（3）津贴和补贴

津贴和补贴是对工资制度的补充，是对雇员超额劳动或增收节支的一种报酬形式。津贴是指对工资或薪水等难以全面、准确反映的劳动条件、劳动环境等对员工身心造成的某种不利影响，或者为了保证员工工资水平不受物价影响而支付给员工的一种补偿。人们常把与员工生活相联系的补偿称为补贴，如交通补贴、住房补贴、生育补贴等，津贴与补贴常以货币形式支付给员工。

（4）福利

福利分为法定福利和非法定福利。员工福利同基本薪酬一样是员工的劳动所得，属于劳动报酬的范畴，但这不同于基本薪酬，其不同表现在以下方面：①基本薪酬是按劳付酬，员工之间基本薪酬存在差别，而员工福利是根据用人单位、工作和员工的需要支付，员工之间福利差别不大；②基本薪酬是直接的劳动力再生产费用，而员工福利是间接的劳动力再生产费用；③基本薪酬金额与岗位需求和劳动素质相关，而员工福利则与之无关；④基本薪酬作为人工成本随工作时间的变化而发生变化，而员工福利作为人工成本则随人数的变化而变化，有些福利项目从利润中支付，不列入成本；⑤基本薪酬具有个别性、稳定性，而员工福利则具有集体性和随机性。

（5）股票和股权

股票和股权是一种新型的薪酬形式。前者是企业员工持有企业的股票，后者是一种权利。股权是将企业的一部分股份作为薪酬授予员工，使员工成为企业的股东，享有同股东一样的分红权。

（二）薪酬的主要功能

1. 员工方面的薪酬功能

一是经济保障功能。薪酬是员工以自己的劳动、时间和技能的付出为企业创造价值而获得的回报，薪酬是他们的主要收入来源，它对于员工及其家庭生活起到的保障作用是其他任何收入保障手段所无法替代的。薪酬对于员工的保障并不仅仅体现在满足员工在吃、穿、用、住和行等方面的基本生存需要，同时还体现在满足员工娱乐、教育和自我开发等方面的发展需要上。总之，薪酬水平的高低对于员工及其家庭的生存状态和生活方式所产生的影响是非常大的。

二是激励功能。员工对薪酬状况的感知可以影响员工的工作行为、工作态度以及工作绩效，即产生激励作用。研究发现，人在没有科学的激励下只能发挥能力的20%~30%，而在合理的激励下则发挥其能力的80%~90%，也就是说，一个人被充分激励之后发挥的作用相当于之前的3~4倍，激励是管理的核心，而薪酬是激励的主要因素。总薪酬中的绩效加薪或激励薪酬（奖金）都属于激励性薪酬，它直接影响着员工的工作绩效。

三是社会信号功能。薪酬作为一种信号，可以很好地反映一个人在社会流动中的市场价值和社会位置，还可以反映一个人在组织内部的价值和层次，可见，员工薪酬水平的高低除了具有经济保障功能以外，还向他们传递一种信号，人们可以根据这个信号来判断员工的家庭、朋友、职业、受教育程度、生活状态等。

2. 企业方面的薪酬功能

第一，促进战略实现，改善经营绩效。员工是组织的基础，组织如果没有员工就无法实现经营管理，无法达到组织制定的目标，也无法实现组织的战略，而薪酬是引进、保留和激励员工的重要手段，因此，薪酬是促进组织战略实现的基础。另外，由于薪酬决定了现有员工受到激励的状况，影响他们的工作效率、缺勤率、对组织的归属感以及对组织的承诺度，从而直接影响企业的生产能力和生产效率。通过合理的薪酬设计，企业可以向员工传递企业期望的行为、态度和绩效，通过这种信号的引导，员工的工作行为和态度以及最终的绩效将会朝着企业期望的方向发展，从而改善企业的经营绩效。

第二，塑造和增强企业文化。薪酬影响员工的工作行为和工作态度。一项薪酬制度可能促进企业塑造良好的文化氛围，也可能与企业现有的价值观形成冲突。比如说，企业实行的是以个人绩效为基础的激励薪酬的方案，那么企业就容易强化个人主义的文化氛围；反之，企业实行的是以团队绩效为基础的激励薪酬方案，那么企业就会形成支持团队的文化氛围。薪酬的导向作用要求企业必须建立科学合理并具有激励性的薪酬制度，从而对企业文化的塑造起到积极的促进作用。

第三，成本控制功能。薪酬是企业的人力资源成本，尽管人力资源成本在不同行业和不同企业的总成本中所占的比重不同，但对于任何企业来说，薪酬都是不容忽视的成本支出，因此，有效地进行薪酬管理，控制薪酬成本对大多数企业的成功来说具有重大的意义。

第四，支持和推动企业变革。面临竞争激烈的经营环境，企业的变革已经成为企业经营过程中的一种常态，企业如果不变革将很快被淘汰，所以，企业为了适应这种状态，需要重新设计战略、流程再造、调整组织结构、变革文化、设计团队等。这一切都离不开薪酬，因为薪酬可以通过影响个人、工作团队和企业整体来创造出与变革相适应的内外部氛围，从而推动企业变革。

（三）影响薪酬的因素

在市场经济条件下，薪酬管理活动受内外部许多因素的影响，为了保证薪酬管理的有效实施，必须对这些影响因素有所认识和了解。一般来说，影响企业薪酬管理的各项决策的因素主要有三类：一是企业外部因素；二是企业内部因素；三是员工个人因素。

1. 企业外部因素

一是国家法律法规与政策。国家法律法规与政策对企业行为具有强制性的约束作用，因此企业在进行薪酬管理时应当首先考虑这一因素，在法律法规与政策规定的范围内进行薪酬管理。例如，政府的最低工资立法规定了企业支付薪酬的下限；社会保险法律规定了企业必须为员工缴纳一定数额的社会保险费。

二是劳动力市场状况。按照经济学的解释，薪酬就是劳动力的价格，它取决于供给和需求的对比关系，在企业需求一定的情况下，当劳动力市场紧张，造成劳动力资源供给减少，劳动力资源供不应求的时候，劳动力价格就会上涨，此时企业要想获取必要的劳动力资源，就必须相应地提高薪酬水平；反之，企业可以维持甚至降低薪酬水平。

三是物价水平。薪酬最基本的功能是保障员工的生活，因此对员工来说更有意义的是实际薪酬与物价水平的比率。当整个社会的物价水平上涨时，为了保证员工的实际生活水平不受或少受影响，支付给他们的薪酬相应也要调整。

四是其他企业的薪酬状况。其他企业的薪酬状况对企业薪酬管理的影响是最为直接的，这是员工进行横向公平性比较时非常重要的一个参考因素。当其他企业，尤其是竞争对手的薪酬水平提高时，为了保证外部的公平性，企业也要相应地提高自己的薪酬水平，否则就会造成员工的不满意甚至流失。

2. 企业内部因素

（1）企业的经营战略。薪酬管理要服从和服务于企业的经营战略，不同的经营战略下，企业的薪酬管理也会不同。

（2）企业的经营战略。企业处于不同的发展阶段时，其经营重点和面临的外部环境是不同的，因此在不同的发展阶段，薪酬形式也是不同的。

（3）企业财务状况。薪酬是企业的一项重要开支，因此企业的财务状况也会对薪酬产生重要影响，良好的财务状况可以保证薪酬水平的竞争力和薪酬支付的及时性。

3. 员工个人因素

第一，员工所处的职位。在目前主流的薪酬管理理论中，这是决定员工个人基本薪酬以及企业薪酬结构的重要基础，也是内部公平性的重要体现，职位对员工薪酬的影响并不完全来自级别，而主要是职位所承担的工作职责以及对员工的任职资格要求。

第二，员工的绩效表现。员工的绩效表现是决定其激励薪酬的重要基础，在企业中，激励薪酬往往与员工的绩效联系在一起，它们具有正相关关系。总的来说，员工的绩效越好，其激励薪酬就会越高。此外，员工的绩效表现还会影响其绩效加薪，进而影响基本薪酬的变化。

第三，员工的工作年限。工作年限主要有工龄和司龄两种表现形式，工龄是指员工参加工作以来的整个工作时间，司龄是指员工在本企业中的工作时间。工作年限会对员工的薪酬水平产生一定的影响，一般来说，工龄和司龄越长的员工，薪酬的水平就相对越高。

（四）薪酬的基本决策

1. 薪酬体系决策

薪酬体系决策的主要任务是确定组织决定员工基本薪酬的基础是什么。当前，国际上通行的薪酬体系主要有三种，即职位薪酬体系、技能薪酬体系以及能力薪酬体系，其中职位薪酬体系的运用最为广泛。所谓职位薪酬体系、技能薪酬体系以及能力薪酬体系，顾名思义，就是指组织在确定员工的基本薪酬水平时所依据的分别是员工从事的工作自身的价值、员工自身的技能水平以及员工所具备的胜任能力。其中，职位薪酬体系是以工作和职位为基础的薪酬体系，而技能和能力薪酬体系则是以人为基础的薪酬体系。

2. 薪酬水平决策

薪酬水平是指组织中各职位、各部门以及整个组织的平均薪酬水平，薪酬水平决定了组织薪酬的外部竞争性。企业的薪酬水平越高，其在劳动力市场上的竞争力就越强，但是相对来说成本也会越高。在传统的薪酬管理中，企业关注的是整体薪酬水平，目前企业关注整体薪酬水平的同时，也开始关心不同企业各职位薪酬水平的比较。企业在确定薪酬水平时，通常可以采用四种策略：领先型策略、匹配型策略、拖后型策略、混合型策略。

3. 薪酬构成决策

薪酬构成是指在员工和企业总体的薪酬中，不同类型薪酬的组合方式。对于企业而言，基本薪酬、激励薪酬（奖金）与间接薪酬（福利）都是经济性支出，但这三种薪酬的作用又不完全相同。基本薪酬在吸引、保留人员方面效果比较显著；激励薪酬在激励人员方面效果比较显著；间接薪酬在保留人员效果方面比较显著。根据这三者所占比例的不同，可以划分为三种模式：高弹性薪酬模式、高稳定薪酬模式和调和型薪酬模式。高弹性薪酬模式是一种激励性很强的薪酬模式，激励薪酬是薪酬的主要组成部分；高稳定薪酬模式是一种稳定性很强的薪酬模式，基本薪酬占主导地位，激励薪酬占较少比重；调和型薪酬模式兼具激励性和稳定性，基本薪酬和激励薪酬所占比例基本相当。

4. 薪酬结构决策

薪酬结构指企业内部的薪酬等级数量，每一等级的变动范围及不同薪酬等级之间的关系等。薪酬结构反映企业内部各个职位之间薪酬的区别，对于员工而言具有重要的价值。在薪酬管理中，会根据员工的职位（或者能力）确定员工的薪酬等级，这一等级确定后，员工的薪酬也就基本确定。薪酬结构的设计会直接影响员工的薪酬，以及今后员工薪酬变动的可能性与区间。因此，企业的薪酬结构设计得比较合理时，会对员工的吸引、保留与激励产生积极作用，反之，则会带来负面影响。

二、薪酬设计

（一）薪酬设计的基本原则

1. 遵循公平性原则

根据公平理论，员工会进行两方面的比较：一是会将自己的付出与回报进行比较；二是会将自己的付出回报比与他人的付出回报比进行比较。如果员工觉得二者有不公平的现象，那么薪酬就不能起到激励员工的作用，还会因此影响员工的工作积极性，降低其工作效率，造成紧张的人际关系等。所以薪酬的设计要尽量公平，在现实中虽然不能做到完全公平，但至少在薪酬设计时应保证公平。

薪酬设计的公平性可以从两个方面来考虑：一是外部公平性，指的是同一行业、同一地区、不同企业中类似的职位薪酬应基本一致；二是内部公平性，指的是在企业内部，员工所获得的薪酬应与其从事的工作岗位所要求的知识、技能、经验等相匹配。另外，不同职位如果没有多大差别，贡献或业绩相当，所获取的薪酬也应基本一致。

2. 遵循激励原则

激励原则包含两个方面的含义：一是薪酬设计应该做到按劳分配，多劳多得，即按不同技能、不同知识水平、不同能力、不同业绩水平等定薪，奖勤罚懒和奖优罚劣，这样才能发挥薪酬的激励性；二是组织要根据不同员工的不同需求，真实地了解员工的需求，利用薪酬的多样化组合来满足员工，从而达到激励的目的。

3. 遵循经济性原则

在薪酬设计的过程中固然要考虑薪酬水平的竞争性和激励性，但同时还要充分考虑企业自身发展的特点和承受能力。员工的报酬是企业生产成本的重要组成部分，过高的薪酬水平必然会导致人力成本的上升和企业利润的减少。所以，应该考虑人力资源成本的投入和产出比，把人力资源成本控制在经济合理的范围，使企业的薪酬既具有激励性又能确保企业的正常运作。

4. 遵循合法性原则

企业薪酬分配制度必须符合国家的有关政策与法律。为了维持社会经济的持续稳定发展，维护劳动者应取得的合法劳动报酬和必须拥有的劳动权益，我国政府颁布了一系列法律法规文件。如《中华人民共和国劳动法》《中华人民共和国劳动合同法》《最低工资规定》《工资支付暂行规定》等，这些法律法规对薪酬确定、薪酬水平、薪酬支付等进行了明确的规定。企业在设计薪酬过程中一定要遵守相关的法律法规，避免因薪酬问题引起劳动纠纷。

（二）薪酬设计的流程

制定科学合理的薪酬体系是企业人力资源管理的一项重要工作，薪酬设计的要点在于"对内具有公平性，对外具有竞争性"。薪酬设计需要考虑的因素较多，一般来说，企业要建立的是一种既能让大多数员工满意，又能确保企业利益的互利双赢薪酬设计模式，其一般流程可大致分为以下几个步骤。

1. 制定薪酬战略

企业人力资源战略服务于企业战略，所以薪酬战略也要考虑企业的战略和企业的目标。制定薪酬战略要考虑以下问题：薪酬管理如何支持企业的战略实施，薪酬的设计如何实现组织内部的公平性和外部的竞争性，如何制定薪酬才能真正地激励员工，如何提高薪酬成本的有效性等。

2. 薪酬调查分析

企业要吸引和保留住员工，不但要保证企业薪酬的内部公平性，而且要保证企业薪酬的外部竞争力，因此要进行薪酬调查。薪酬调查，就是通过一系列标准、规范和专业的方法，对市场上各职位进行分类、汇总和统计分析，形成能够客观反映市场薪酬现状的调查报告，为企业提供薪酬设计方面的决策依据及参考。因为薪酬调查是将企业内部的薪酬状况和其他企业薪酬状况进行比较，所以，组织首先要进行全面的企业内部薪酬满意度调查，以了解企业内部的薪酬现状及发展需求，做到发现问题，弄清原因，明确需要，确保薪酬体系设计的客观性与科学性。同时，还要对同类、同行企业的外部薪酬水平状况做深入细致的调查。

对企业外部薪酬调查分析的主要内容一般包括以下三个方面。①目标企业的薪酬政策。是控制成本还是激励或吸引员工；薪酬构成是高弹性、稳定性模式还是折中式模式；薪酬的其他政策，包括加班费计算、试用期薪酬标准等。②薪酬的结构信息。主要包括企业职位或岗位的组织结构体系设计、薪酬等级差、最高等级与最低等级差、薪酬的要素组合、基本薪酬与福利的比例、激励薪酬的设计等。③薪酬的纵向与横向水平信息。包括基本薪酬信息、激励薪酬信息及福利薪酬信息等。

由于这些调查对象一般都是竞争对手，且薪酬制度往往被其视为商业机密，它们一般不愿意提供实质性的调查资料。所以，薪酬市场调查分析一般会比较困难，需要企业从多方面、多渠道进行，直接或间接地收取调查资料。一般来说，薪酬的调查方法分四种：企业薪酬调查、商业性薪酬调查、专业性薪酬调查和政府薪酬调查。企业薪酬调查是企业之间互相调查；商业性薪酬调查一般由咨询公司完成；专业性薪酬调查是由专业协会针对薪酬状况所进行的调查；政府薪酬调查是指由国家劳动、人事、统计等部门进行的薪酬调查。

3. 工作分析与评价

工作分析与评价的目的在于确定一种职位的相对价值，它是对各种职位进行正式的、系统的相互比较的过程。通过工作分析与评价，能够明确职位的工作性质、所承担责任的大小、劳动强度的轻重、工作环境的优劣、劳动者应具备的工作经验、知识技能、身体条件等方面的具体要求。同时，根据这些信息采取科学的方法，对企业所有的职位的相对价值做出客观的评价，并确定一种职位相对于其他职位的价值，从而最终依此来确定工资或薪资的等级结构。工作评价的基本原则是那些要求具备更高的任职资格条件、需要承担更多的责任以及需要履行更为复杂的职责的职位，应当比那些在这些方面的要求更低一些的职位价值更高一些。

对于企业的员工来说，他们所感受到的公平合理来自两方面：一方面，来自外部市场上同类职位薪酬水平相比的结果；另一方面，则来自内部同类、同级别职位人员的薪酬水平的比较。因此我们不仅要关注职位的绝对价值，还要关注职位的相对价值，而职位的相对价值则要通过工作评价来确定。工作评价是工作分析的必然结果，同时又以职位说明书为依据。即工作评价就是要评定职位的相对价值，制定职位的等级，以确定基本薪酬的计算标准。

4. 薪酬结构设计

通过工作分析与评价，可以表明每一个职位在企业中相对价值的顺序、等级。工作的完成难度越大，对企业的贡献越大，其重要性就越大，这也就意味着它的相对价值越大。通过薪酬调查以及对组织内、外部环境的分析，可以确定组织内各职位的薪酬水平，规划各个职位、岗位的薪酬幅度、起薪点和顶薪点等关键指标。要使工作的相对价值转换为实际薪酬，需要进行薪酬结构设计。

薪酬结构是指工作的相对价值与其对应的工资之间保持的一种关系。这种关系不是随意的，是以服从某种原则为依据的，具有一定的规律，通常这种关系用"薪酬政策线"来表示。从理论上讲，薪酬政策线可呈任意一种曲线形式，但实际上它们多呈直线或由若干直线段构成的一种折线形式。这是因为薪酬设计必须遵循的基本原则是公平性，组织内各职位的报酬与员工的付出应基本相等，各职位的相对价值就是员工付出的反映，因此，绘制薪酬政策线各点的斜率应该基本相等，薪酬政策线呈直线。

5. 薪酬分级与定薪

绘制好组织薪酬政策曲线以后，通过薪酬政策曲线就可以确定每个职位的基本薪酬水平。但是当企业的职位数量比较多时，如果针对每个职位设定一个薪酬标准，会大大提高企业的管理成本。因此，在实际操作中，还需要在薪酬的每一个标准内增设薪酬等级，即在众多类型工作职位的薪酬标准内再组合成若干等级，形成一个薪酬等级标准系列。通过职位工作评价点数的大小与薪酬标准对应，可以确定每一个职位工作的具体薪酬范围或标准，以确保职位薪酬水平的相对公平性。

不同薪酬等级之间的薪酬差异称为薪酬级差。薪酬级差可根据员工的职位、业绩、态度、能力等因素划分，要尽可能地体现公平。级差的大小应与薪酬等级相符，等级差异大，级差相应也大，等级差异小，则级差也小，如果两者关系不相符，容易引起不同等级员工的不满。等级差异过大，薪酬等级较低层的员工会认为有失公平，自己所得过少；等级差异过小，薪酬等级较高层的员工会认为自己的贡献价值没有得到认可，因而会挫伤其工作积极性。

三、激励薪酬

激励薪酬，又称绩效薪酬、可变薪酬或奖金，它是指以员工个人、团队或者组织的绩效为依据支付给员工的薪酬。设置激励薪酬的目的在于，通过将员工的薪酬与绩效挂钩，鼓励员工为企业、部门或团队的绩效做出更大的贡献。激励薪酬有助于强化组织规范，激励员工调整自己的行为，并且有利于组织目标的实现。

（一）激励薪酬的优缺点分析

激励薪酬相对于基本薪酬来说，具有明显的优势，主要表现在以下几个方面：①激励薪酬是和绩效联系在一起的，因此对员工的激励性也就更强；②激励薪酬更能把员工的努力集中在组织、部门或团队认为重要的目标上，从而推动组织、部门或团队目标的实现；③激励薪酬是根据绩效来支付的，可以增加企业薪酬的灵活性，帮助企业节约成本。

不过，激励薪酬也存在明显的不足，主要表现在以下几个方面：①绩效评价难度比较大，激励薪酬很可能会流于形式；②激励薪酬有可能导致员工之间或者员工群体之间的竞争，而这种竞争可能不利于组织创造良好的人际关系，导致组织的氛围比较紧张，从而影响组织的整体利益；③激励薪酬实际上是一种工作加速器，有时员工收入的增加会导致组织出台更为苛刻的产出标准，这样就会破坏组织和员工之间的心理契约；④绩效奖励公式有时非常复杂，员工可能难以理解。

（二）激励薪酬实施的要点分析

在市场经济条件下，激励薪酬将激励员工和节约成本的作用发挥得较好，使得越来越多的组织予以使用，而这种薪酬计划的缺点也使得激励薪酬的实施过程必须非常谨慎，这里着重指出以下几点。

第一，组织必须认识到，激励薪酬只是组织整体薪酬体系中的一个重要组成部分，它尽管对于激励员工的行为和绩效具有重要的作用，但是不能取代其他薪酬计划。

第二，激励薪酬必须对那些圆满完成组织绩效或行为与组织目标一致的员工给予回报，激励薪酬必须与组织的战略目标及其文化和价值观保持一致，并且与其他经营活动相协调。

第三，要想实施激励薪酬，组织必须首先建立有效的绩效管理体系。这是因为激励薪酬以员工个人、群体甚至组织整体的业绩作为奖励支付的基础，如果不能建立公平合理、准确完善的绩效评价系统，绩效奖励就成了无源之水、无本之木。

第四，有效的激励薪酬必须在绩效和奖励之间建立紧密的联系。这是因为无论组织的目标多么清晰，绩效评价多么准确，反馈多么富有成效，如果它与报酬之间不存在联系，绩效也不会达到最大化。

第五，激励薪酬必须获得有效沟通战略的支持。既然激励薪酬要求员工能够承担一定的风险，那就要求组织能够及时为员工提供正确做出决策所需要的各种信息。

第六，激励薪酬需要保持一定的动态性，过去曾经取得成功的激励薪酬现在并不一定依然成功，而经常是要么需要重新设计新的激励薪酬，要么需要对原有的激励薪酬进行较大的修改和补充。

（三）激励薪酬的常见类型

1. 个人激励薪酬

（1）直接计件工资计划。直接计件工资计划是先确定在一定时间（比如1小时）内应当生产出的标准产出数量，然后根据标准产出数量确定单位时间工资率，最后根据实际产出水平计算出实际应得薪酬。显然，在这种计划下，产出水平高于平均水平者得到的薪酬也较高。这种奖励计划的优点是简单明了，容易被员工了解和接受。其主要缺点是确定标准存在困难。在生产领域需要进行时间研究，但是时间研究所得出的计件标准的准确性会受到观察的次数、选择的观察对象、对正常操作速度的界定等各方面因素的影响。标准过松对组织不公平，标准过严又对员工不公平。

（2）标准工时计划。所谓标准工时计划，是指首先确定正常技术水平的工人完成某种工作任务所需要的时间，然后确定完成这种工作任务的标准工资率。即使一个人因技术熟练以少于标准时间的时间完成了工作，他依然可以获得标准工资率。举例来说，对于一位达到平均技术水平的汽车修理工来说，为小汽车补一个轮胎平均需要花费的时间可能是1小时。但是如果某位修理工的工作效率较高，他可能在半小时内就完成工作了，但组织在支付工资的时候，仍然是根据1小时来支付报酬。对于周期很长、技能要求较高、非重复性的工作而言，标准工时计划十分有效。

（3）差额计件工资计划。这种工资制度是由科学管理运动的开创者泰勒最先提出的。其主要内容是使用两种不同的计件工资率：一种适用于那些产量低于或等于预定标准的员工；而另一种则适用于产量高于预定标准的员工。举例来说，在一家制衣厂中，对于那些小时产量低于25件的员工而言，他们每生产一件衬衫可以获得50美分；而同样时间内产量高于25件的员工的计件工资率则会高一些，可能达到每件60美分。显然，这种薪酬体系对于员工达到较高生产率的刺激会更大。传统的差额计件工资计划主要包括泰勒计件工资计划和莫里克计件工资计划两种。在泰勒计件工资计划中一共有两种计件工资率（0.5美元/件和0.7美元/件），而在莫里克计件工资计划中，则将计件工资率划分为三个等级：完成标准任务100%以上的（0.7美元/件），完成标准任务83%~100%的（0.6美元/件）以及完成标准任务83%以下的（0.5美元/件）。

2. 群体激励薪酬

（1）利润分享计划

利润分享计划指对代表企业绩效的某种指标（通常是利润指标）进行衡量，并以衡量的结果为依据来对员工支付薪酬。利润分享计划有两个优势：一是将员工的薪酬和企业的绩效联系在一起，因此可以促使员工从企业的角度去思考问题，增强了员工的责任感；二是利润分享计划所支付的报酬不计入基本薪酬，这样有助于灵活地调整薪酬水平，在经营良好时支付较高的薪酬，在经营困难时支付较低的薪酬。利润分享计划一般有三种实现形式：一是现金现付制，就是以现金的形式即时兑现员工应得到的分享利润；二是递延滚存制，就是指利润中应发给员工的部分不立即发放，而是转入员工的账户、留待将来支付，这种形式通常是和企业的养老金计划结合在一起的，有些企业为了减少员工的流动率，还规定如果员工的服务期限没有达到规定的年限，将无权得到或全部得到这部分薪酬；三是混合制，就是前两种形式的结合使用。

（2）收益分享计划

收益分享计划是企业提供的一种与员工分享因生产率提高、成本节约和质量提高等而带来的收益的绩效奖励模式。通常情况下，员工按照一个事先设计好的收益分享公式，根据本人所属部门的总体绩效改善状况获得奖金，常见的收益分享计划有斯坎伦计划与拉克计划。斯坎伦计划的操作步骤如下：①确定收益增加的来源，通常包括生产率的提高、成本节约、次品率下降或客户投诉率下降等，将这些来源的收益增加额加总，得出收益增加总额；②提留和弥补上期亏空，收益增加总额一般不全部进行分配，如果上期存在透支，要弥补亏空，此外还要提留一定比例的储备，得出收益增加净值；③确定员工分享收益增加净值的比重，并根据这一比重计算出员工可以分配的总额；④用可以分配的总额除以工资总额，得出分配的单价。员工的工资乘以这一单价，就可以得出该员工分享的收益增加数额。拉克计划在原理上与斯坎伦计划类似，但是计算的方式要复杂许多，它的基本假设是员工的工资总额保持在一个固定的水平上，然后根据企业过去几年的记录，以其中工资总额占生产价值（或净产值）的比例作为标准比例，确定奖金的数额。

（3）成功分享计划

成功分享计划又称为目标分享计划，它的主要内容是运用平衡记分卡的思想，为某个部门或团队制定包括财务和非财务目标、过程和结果目标等在内的若干目标，然后对超越目标的情况进行衡量，并根据衡量结果对某个部门或团队提供绩效奖励。在成功分享计划中，每个绩效目标都是相互独立的，部门或团队每超越一个绩效目标，就会单独获得一份奖励，经营单位所获得的总奖励金额等于其在每个绩效目标上所获得的奖励总和。成功分享计划的目的就在于将某个部门或团队的所有员工与某些预定的绩效改善目标联系在一起。如果这些目标达到了，员工就会得到货币报酬或非货币报酬。

3. 短期激励薪酬

（1）一次性奖金

顾名思义，一次性奖金是一种一次性支付的绩效奖励。在很多情况下，员工可能会因为完成了销售额或产量，实现了节约成本，甚至提出了对企业的合理化建议等而得到这种一次性的绩效奖励。在一些兼并、重组的事件发生时，为了鼓励被收购的企业中的有价值的员工留任而支付一笔留任奖金。还有一些企业为了鼓励优秀人才下定决心与企业签约，也会向决定加入本公司的新员工提供一笔签约奖金。一次性奖金的优势是不仅能足够地激励员工，而且不至于出现薪酬大量超出企业支付的范围，所以一次奖金比较灵活。

（2）月度/季度浮动薪酬

月度/季度浮动薪酬是指根据月度或季度绩效评价的结果，以月度绩效奖金或季度绩效奖金的形式对员工的业绩加以认可。这种月度或季度奖金，一方面，与员工的基本薪酬联系较为紧密，往往采用基本薪酬乘以一个系数或者百分比的方式来确定；另一方面，又具有类似一次性奖金的灵活性，不会对企业形成较大的成本压力。这是因为，企业月度或季度奖金投入的数量可根据企业的总体绩效状况灵活调整。比如，如果企业经营业绩好，则企业可能拿出相当于员工月度或季度基本薪酬 120% 的金额作为月度或季度绩效奖金发放；如果企业的经营业绩不佳，企业可能只拿出相当于员工月度或季度基本薪酬 50% 或更低比率的金额作为月度或季度绩效奖金发放。

（3）特殊绩效认可计划

特殊绩效认可计划具有非常高的灵活性，它可以对那些出人预料的单项高水平绩效表现（比如开发出新产品、开拓新的市场、销售额达到相当高的水平等）给予一次性的现金或者其他实物性奖励。特殊绩效认可或奖励计划提高了报酬系统的灵活性和自发性，为组织提供了一种让员工感觉到自己的重要性和价值的更多的机会。事实上，特殊绩效认可计划已经成为一种激励员工的很好的替代方法。这种计划不仅适用于为组织做出了特殊贡献的个人，而且适用于有特殊贡献的团队。比如，当一个工作团队的所有成员共同努力创造了显著的成果，或者完成了一项关键任务时，组织可以针对这个团队实施特殊绩效认可计划。

4. 长期激励薪酬

长期激励薪酬的支付周期通常为 3~5 年，长期激励薪酬强调长期规划和对组织的未来可能产生影响的那些决策。它能够创造一种所有者意识，有助于企业招募、保留和激励高绩效的员工，从而为企业的长期资本积累打下良好的基础。对于那些新兴的风险型高科技企业来说，长期激励薪酬的作用是非常明显的。此外，长期激励薪酬对员工也有好处，它不仅为员工提供了一种增加收入的机会，而且为员工提供了一种方便的投资工具。股票所有权计划是长期激励薪酬的一种主要形式，目前，常见的股票所有权计划主要有三类：现股计划、期股计划和期权计划。

（1）现股计划。现股计划就是指企业通过奖励的方式向员工直接赠予企业的股票或者参照股票当前市场价格向员工出售企业的股票，使员工立即获得现实的股权，这种计划一般规定员工在一定时间内不能出售所持有的股票，这样股票价格的变化就会影响员工的收益，通过这种方式，可以促使员工更加关心企业的整体绩效和长远发展。

（2）期股计划。期股计划则是指企业和员工约定在未来某一时期员工要以一定的价格购买一定数量的企业股票，购买价格一般参照股票的当前价格确定，这样如果未来股票的价格上涨，员工按照约定的价格买入股票，就可以获得收益；如果未来股票的价格下跌、那么员工就会有损失。例如，员工获得了以每股 15 元的价格购买股票的权利，2 年后公司股票价格上涨到每股 20 元，那么他以当初的价格买入股票，每股就可以获得 5 元的收益。

（3）期权计划。期权计划与期股计划比较类似，不同之处在于公司给予员工在未来某一时期以一定价格购买一定数量公司股票的权利，但是到期员工可以行使这项权利，也可以放弃这项权利，购股价格一般也要参照股票当前的价格确定。

四、员工福利

（一）员工福利的特点及作用

员工福利是企业基于雇佣关系，依据国家的强制性法令及相关规定，以企业自身的支付为依托，向员工所提供的用以改善其本人和家庭生活质量的各种以非货币工资的支付形式为主的补充性报酬与服务。

根据定义，我们可以从以下几方面来理解员工福利：第一，员工福利的提供方是企业，接受方是员工及其家属；第二，员工福利是整个薪酬系统中的重要组成部分，是除了基本薪酬和激励薪酬之外的那部分薪酬；第三，员工福利可以采取多种形式发放，服务、实物和货币都可以是福利的支付形式；第四，员工福利旨在提高员工的满意度和对企业的归属感。

1. 员工福利的主要特点

（1）实物或延期支付的形式。基本薪酬和激励薪酬往往采取货币支付和现期支付的方式，而福利多采取实物支付或延期支付的形式。

（2）固定性。基本薪酬和激励薪酬具备一定的可变性，与员工个人直接相连；而福利则比较固定，一般不会因为工作绩效的好坏而在福利的享受上存在差异。

（3）均等性。企业内部的福利对于员工而言具有一视同仁的特点，履行了劳动义务的企业员工都有享有企业各种福利的平等权利，不会因为职位层级的高低而有所差别，但均等性是针对一般福利而言的，对一些高层次的福利，许多企业还是采取了差别对待的方式，例如对高层管理人员的专车配备等。

（4）集体性。福利主要是通过集体消费或使用公共物品等方式让员工享有，集体消费主要体现在通过集体购买和集体分发的方式为员工提供一些生活用品。

2. 员工福利的作用表现

第一，员工福利对企业的作用。从表面上看，对于企业来说支付福利费用是一种成本支出。但事实并非如此，科学合理的福利制度为企业带来的实际收益是远高出同等数量的基本薪酬所产生的收益的。员工福利对于现代企业的意义主要体现在以下几点：①大多数员工是属于规避风险型的，他们追求稳定，而与直接薪酬相比，福利的稳定性更强，因此福利更能够吸引和保留员工；②福利可以满足员工心理需求并使其获得较高的工作满意度，具有较强的激励作用，能有效地提高员工绩效，实现组织的战略目标；③企业可以享受优惠税收政策，提高成本支出的有效性。

第二，员工福利对员工的作用。许多员工在选择工作的时候比较重视企业所能提供的福利待遇，原因不仅仅在于福利待遇构成了总薪酬的一个部分，更在于福利可以满足员工的多种需求。具体来说，福利对员工的作用可体现在以下方面：①增加员工的收入，在员工的总薪酬中，有的企业福利占到30%左右，另外，福利对于员工而言是一种保障性的收入，不会因为员工个人绩效不佳而减少；②保障员工家庭生活及退休后的生活质量，员工退休后的收入较在职时会有较大幅度的降低，国家法定的养老保险等福利待遇就能够保障员工退休后的生活维持在一定的水平；③满足员工的平等和归属需要，福利具有均等性，能让员工感受到公平和企业对他们的重视，从而获得归属感和尊重感；④集体购买让员工获得更多的优惠集体购买产生规模效益，具有价格上的优惠；⑤满足员工多样化的需求，员工福利的形式多种多样，既可以是实物也可以是服务，多样化的福利形式能够满足员工多样化的需求。

（二）员工福利的类型

1. 法定福利

这是由国家相关的法律和法规规定的福利内容，具有强制性，任何企业都必须执行。法定福利为员工提供了工作和生活的基本保障，当员工在遭遇失业、疾病、伤残等特殊困难时给予及时救助，提高了员工防范风险的能力。从我国目前的情况看，法定福利主要包括以下几项内容。

（1）法定的社会保险

法定的社会保险包括基本养老保险、基本医疗保险、失业保险、工伤保险和生育保险。养老保险是国家为劳动者或全体社会成员依法建立的老年收入保障制度，当劳动者或社会成员达到法定退休年龄时，由国家或社会提供养老金，保障退休者的基本生活。医疗保险是由国家立法，按照强制性社会保险原则，由国家、用人单位和个人集资（缴保险费）建立的医疗保险基金，当个人因病接受医疗服务时，由社会医疗机构提供医疗费用补偿的社会保险制度。失业保险是国家以立法形式，集中建立失业保险基金，对因失业而暂时中断收入的劳动者在一定期间提供基本生活保障的社会保险制度。生育保险是国家通过立法，筹集保险基金，对生育子女期间暂时丧失劳动能力的职业妇女给予一定的经济补偿、医疗服务和生育休假的社会保险制度。工伤保险是国家立法建立的，对在经济活动中因工伤致残或因从事有损健康的工作患职业病而丧失劳动能力的劳动者，以及对职工因工作死亡后无生活来源的遗属提供物质帮助的社会保障制度。

（2）公休假日

公休假日指企业要在员工工作满一个工作周后让员工休息一定的时间，我国目前实行的是每周休息两天的制度。《劳动法》第三十八条规定用人单位应当保证劳动者每周至少休息一日。

（3）法定休假日

法定休假日就是员工在法定的节日要享受休假，我国目前的法定节日包括元旦、春节、国际劳动节、国庆节和法律法规规定的其他休假节日。《劳动法》规定，法定假日安排劳动者工作的，支付不低于300%的劳动报酬。

（4）带薪年休假

带薪年休假，又叫探亲假，是职工分居两地，又不能在公休日与配偶或父母团聚的带薪假期。我国《劳动法》第四十五条规定，国家实行带薪年休假制度，劳动者连续工作1年以上的，可以享受带薪年休假。我国相关法律还规定：①职工探望配偶的，每年给予配偶一方探亲假 1 次，假期为 30 天；②未婚职工探望父母的，原则上每年给假 1 次，假期为 20 天；③已婚职工探望父母的，每 4 年给假 1 次，假期为 20 天。

2. 企业福利

（1）企业补充养老保险。社会基本养老保险制度虽然覆盖面宽，但收入保障水平较低。随着我国人口老龄化加剧，国家基本养老保险负担过重的状况日趋严重，补充养老保险开始成为企业建立的旨在为其员工提供一定程度退休人员收入保障的养老保险计划。

（2）健康医疗保险。健康医疗保险是对职工基本医疗保险的补充，健康医疗保险的目的是减少当员工生病或遭受事故时本人及其家庭所遭受的损失。企业通常以两种方式提供这种福利：集体投保或者加入健康维护组织。

（3）集体人寿保险。人寿保险是市场经济体制国家的一些企业所提供给员工的一种最常见的福利，大多数企业是为其员工提供集体人寿保险。

（4）住房或购房计划。除了住房公积金之外，企业为更有效地激励和保留员工，还采取其他多项住房福利项目支持员工购房，如住房贷款利息给付计划、住房津贴等。

（5）员工服务福利。员工服务福利是企业根据自身的条件及需要，扩大了福利范畴，通过为员工提供各种服务来达到激励员工、稳定员工的目的。如给员工援助服务、给员工再教育补助、给员工提供健康服务等。

（6）其他补充福利。如交通补贴、饮食津贴、节日津贴、子女教育辅助计划、独生子女补助费等。

（三）员工福利的发展趋势

一方面，组织开始寻求与其战略目标、组织文化和员工类型相匹配的福利模式。

随着福利种类的增多和福利覆盖范围的扩大，可供利用的福利计划的种类越来越多。但是，并非所有的福利计划都适合任何组织中的任何员工群体。从实际情况来看，有很多福利计划是和组织的目标、价值观乃至经营战略相违背的。因此，在制订组织的福利计划时，不仅要考虑现在市场上流行什么样的福利计划，更要对自己的组织进行深入的分析，知道组织的价值观是什么，组织的目标是什么，组织的员工队伍是如何构成的，未来组织要经历什么样的变革，等等。在回答这些问题的基础上，考虑所要设计的福利计划是否有助于实现这些组织目标；如果有助于组织目标的实现，公司是否具备实施这种福利计划的能力（包括成本承受能力和管理能力）。

比如，较为传统的组织希望员工能够在组织中长期工作，而员工也偏好稳定的工作和生活，他们可能会在一个组织中工作直到退休，与这样的组织特征相适应，退休福利计划就应该相对传统，以增强员工对组织的归属感。而在创新型组织中情况则不同，在这类组织中工作的人通常富有冒险精神，他们不愿意长期固定在一个组织中工作，很多人类似于或者就是自由职业者，因此，无论组织提供的退休保障计划多么完善，他们都不会感兴趣。因此，这种组织最好将现金存入员工的账户，而不是帮他们投资到组织自己的养老金计划之中。

另一方面，越来越多的企业开始重视和使用弹性福利。

如今，企业的员工福利管理主要面临两个方面的挑战：企业成本急剧上升和难以适应员工需求变化，因而，很多企业采取了弹性福利，弹性福利是指员工在组织规定的时间和金额范围内，可以按照自己的意愿构建自己的福利项目组合，根据自己的需要和生活方式的变化不断改变自己认为有价值的福利项目。弹性福利从本质上改变了传统的福利制度，从一种福利模式转变为一种真正的薪酬管理模式。

弹性福利计划的实施，具有以下显著的优点：首先，由于每个员工个人的情况是不同的，他们的需求可能也是不同的，而弹性福利充分考虑了员工个人的需求，使他们可以根据自己的需求来选择福利项目，这样就满足了员工不同的需求，从而提高了福利计划的适应性；其次，由员工自行选择所需要的福利项目，企业就可以不再提供那些员工不需要的福利，这有助于节约福利成本；最后，这种模式的实施通常会给出每个员工的福利限额和每项福利的金额，这样就会促使员工更加注意自己的选择，从而有助于进行福利成本控制，同时还会使员工真实地感觉到企业给自己提供了福利。弹性福利计划既有效控制了企业福利成本又照顾到了员工对福利项目的个性化需求，也正是因此，弹性福利正在被越来越多的企业关注和采纳。

但是，弹性福利计划也存在一些问题：首先，它造成了管理的复杂，由于员工的需求是不同的，自由选择大大增加了企业具体实施福利的种类，从而增加了统计、核算和管理的工作量，这会增加福利的管理成本；其次，这种模式的实施可能存在"逆向选择"的倾向，员工可能为了享受的金额最大化而选择了自己并不是最需要的福利项目；再次，由员工自己选择可能还会出现非理性的情况，员工可能只照顾眼前利益或考虑不周，从而过早地用完了自己的限额，这样当其再需要其他的福利项目时，就可能无法购买或需要透支；最后，允许员工自由进行选择，可能会造成福利项目实施的不统一，这样就会减少统一性模式所具有的规模效应。

第四节　员工劳动关系管理

一、员工关系管理

（一）员工关系的内涵及影响因素

员工关系是指员工与公司、员工与员工之间的关系，企业以此引导建立积极向上的工作环境。

1. 员工关系的内涵阐释

员工关系会对企业的发展潜力产生极大的影响，这种关系取决于不同的社会环境以及管理者对员工的基本看法。管理者既要把员工看作是需要通过资源投入才能够形成的一笔财富（即真正的人力资源），也可以将员工仅仅看成是实现最小化支出的一项成本。

对任何一个企业来说，建立积极正向的员工关系可以吸引且留住优秀员工；提高员工生产力，增加员工对企业的忠诚度，提升工作士气和公司绩效，降低旷工、缺席率。员工缺勤率提高，增加了由于员工福利、补充员工、培训和绩效损失带来的企业经营成本。员工离职率提高，增加了由于招聘、培训和绩效损失带来的企业经营成本。

2. 影响员工关系的因素

员工关系的核心是一个不断建立关系的过程。企业要想建立积极正向的员工关系，首先要明确影响员工关系的因素有哪些，然后根据影响因素制定管理措施从而改进员工关系。

第一，沟通是影响员工关系最重要的因素。不断进行的双向沟通将会增进员工关系，减少冲突，增加员工对企业的信任。如果员工不信任管理者，上行沟通将会受到阻碍；如果管理者不信任员工，下行沟通将会受到影响。

第二，管理理念影响员工关系。如果员工不支持或不理解管理者的道德理念，他们将间接地对管理者的动机产生疑问。这将使员工产生压力，进而影响员工的工作绩效，同时也影响员工对企业的信念。在员工关系中，信念比现实更重要。员工将根据他们对企业的信念履行工作职责。员工应当被明确地告知工作的真实情况，尽管有时这对管理或员工是不合适的。

第三，冲突是产生负向的员工关系的直接起因。冲突是由于工作群体或个人试图满足自身需要而使另一群体或个人受到挫折时的社会心理现象。企业内冲突表现为由于双方的观点、需要、欲望、利益和要求的不相容而引起的激烈争斗。企业内部的冲突既可发生在个人与个人之间，也可发生在群体与群体之间。企业必须解决冲突从而避免不适当的压力对员工或绩效产生的负面影响。

第四，管理者对员工的期望不明确将增加员工的压力，进而影响员工关系。员工需要知道管理者对他们的期望是什么，员工不喜欢得到特别的惊喜。知道管理者的期望将极大地减小员工的工作压力。

第五，企业是否公平地对待所有员工是影响员工关系的关键因素。公平可以简单地理解为在相同的情况下，对所有的员工都一视同仁，不存在厚薄。这并不意味着较高的绩效不应当得到较高的报酬。对员工来说，公平也意味着获得公平的工资和福利。

（二）员工关系管理的要素及其重要性

从广义上讲，员工关系管理是在企业人力资源体系中，各级管理人员和人力资源职能管理人员，通过拟定和实施各项人力资源政策和管理行为，以及其他的管理沟通手段调节企业与员工、员工与员工之间的相互联系和影响，从而实现组织的目标并确保为员工、社会增值。从狭义上讲，员工关系管理就是企业和员工的沟通管理，这种沟通更多采用柔性的、激励性的、非强制的手段，从而提高员工满意度，支持组织其他管理目标的实现。其主要职责是：协调员工与公司、员工与员工之间的关系，引导建立积极向上的工作环境。

1. 员工关系管理包含的要素

现代的、积极的员工关系管理主要包含：劳动关系管理、法律问题及投诉、员工的活动和协调、心理咨询服务、员工的冲突管理、员工的内部沟通管理、工作丰富化、晋升、员工的信息管理、员工的奖惩管理、员工的纪律管理、辞退、裁员及临时解聘、合并及收购、工作扩大化、岗位轮换 16 项内容。其中，劳动关系管理就是指传统的签合同、解决劳动纠纷等内容。

2. 员工关系管理的重要性解读

第一，员工关系协调是实现企业目标的前提。员工关系在公共关系中占有极其重要的地位。企业内部一切公关工作都从员工关系开始，是因为员工是企业的主体。企业目标的实现，绝非某一个人的事情，而是要靠全体成员齐心协力来共同完成的。实践证明，如果一个企业的员工团结一致、互相配合，其工作成果就较大，各项任务就完成得比较好；反之，员工关系处理不好，内部就会矛盾重重、步调不一，各项工作就上不去，企业目标也就难以实现。

第二，员工关系协调是塑造企业形象的基础。在很多情况下，外界公众是通过接触企业内部的员工来了解企业的，员工的接人待物，言行举止，乃至气质、风度，都直接或间接地传播企业信息。另外，企业的员工最了解本企业产品质量和服务方式，他们不一定是推销员、服务员，但他们可以通过家庭、亲友将本企业的产品、服务方式和服务质量的信息扩散给外部公众，这样会增加宣传的可信度，更容易为外界所接受。同时，企业的员工又是产品的消费者和服务方式的选择者，如果他们能率先购买本企业的产品，选择本企业的服务，这种现身说法的渗透和宣传比一般广告更能影响消费公众。

第三，员工关系协调是企业成功的根本条件。员工关系对于企业有着举足轻重的地位，员工关系协调是企业获得成功的根本条件。员工关系协调，必然在企业中产生巨大的内聚力。只要关系融洽，员工就会心情舒畅、团结一致、齐心协力地发挥巨大的潜能，创造企业的业绩和财富。

通过员工关系管理可以实现以下三个目标：协调和改善企业内部人际关系；树立员工的团体价值；增强企业对员工的凝聚力。

二、劳动关系管理的范畴

（一）劳动法律关系

所谓劳动法律关系，是指劳动法律规范在调整劳动关系过程中所形成的雇员与雇主之间的权利义务关系，即雇员与雇主在实现现实的劳动过程中所发生的权利义务关系。劳动关系经劳动法律规范、调整和保护后，即转变为劳动法律关系，雇主和雇员双方有明确的权利义务。这种受到国家法律规范、调整和保护的雇主与雇员之间以权利义务为内容的劳动关系即为劳动法律关系，它与劳动关系最主要的区别在于劳动法律关系体现了国家意志。

1. 劳动法律关系的特征表现

首先，劳动法律关系的内容是权利和义务。劳动法律关系是以法律上的权利义务为纽带而形成的社会关系，运用劳动法的各种调整方式将劳动关系转化为劳动法律关系，是劳动法对劳动关系的第一次调整，雇员与雇主按照法律规范分别享有一定的权利、承担一定的义务，从而使雇主与雇员之间的行为与要求具有法律意义。

其次，劳动法律关系是双务关系。劳动法律关系是一种双务关系，雇主、雇员在劳动法律关系之中既是权利主体，又是义务主体，互为对价关系。在通常情况下，任何一方在自己未履行义务的前提下无权要求对方履行义务，不能只要求对方履行义务而自己只享有权利，否则，违背了劳动法律关系主体地位平等的要求。

最后，劳动法律关系具有国家强制性。劳动法律关系是以国家强制力作为保障手段的社会关系。国家强制力是否立即发挥作用取决于劳动法律关系主体行为的性质；强行性规范而形成的劳动法律关系内容受国家法律强制力的直接保障，如不得使用童工，不得低于最低工资标准雇用员工，雇主提供的劳动安全卫生条件不得低于国家标准等；任意性规范形成的劳动法律关系的内容，当其受到危害时，则须经权利主体请求后，国家强制力才会显现。

2. 构成劳动法律关系的要素

劳动法律关系构成要素分别为劳动法律关系的主体、内容与客体。

（1）劳动法律关系的主体。劳动法律关系的主体是指依据劳动法律的规定，享有权利，承担义务的劳动法律关系的参与者，包括企业、个体经济组织、机关、事业组织、社会团体等用人单位和与之建立劳动关系的劳动者，即雇主与雇员。依据我国劳动法的规定，工会是团体劳动法律关系的形式主体。

（2）劳动法律关系的内容。劳动法律关系的内容是指劳动法律关系主体依法享有的权利和承担的义务。因为劳动法律关系为双务关系，当事人互为权利义务主体，故一方的义务为另一方的权利。根据劳动法的规定，劳动者享有平等就业和选择职业的权利、取得劳动报酬的权利、休息休假的权利、获得劳动安全卫生保护的权利、接受职业技能培训的权利、享受社会保险和福利的权利、提请劳动争议处理的权利，以及法律规定的其他权利。劳动者应当完成劳动任务，提高职业技能，执行劳动安全卫生规程，遵守劳动纪律和职业道德。用人单位应当依法建立和完善规章制度，保障劳动者享有劳动权利和履行劳动义务。

（3）劳动法律关系的客体。劳动法律关系的客体是指主体权利义务所指向的事物，即劳动法律关系所要达到的目的和结果。例如，劳动、工资、保险福利、工作时间、休息休假、劳动安全卫生等。

（二）劳动关系的调整方式

劳动关系的调整方式依据调节手段的不同，主要分为七种，即通过劳动法律、法规对劳动关系的调整，劳动合同规范的调整，集体合同规范的调整，民主管理制度（职工代表大会、职工大会）的调整，企业内部劳动规则（规章制度）的调整，劳动争议处理制度的调整，劳动监督检查制度的调整。

1. 劳动法律法规

劳动法律法规由国家制定，体现国家意志，覆盖所有劳动关系，通常为调整劳动关系应当遵循的原则性规范和最低标准。其基本特点是体现国家意志。

2. 劳动合同

劳动合同是劳动者与用人单位确立劳动关系、明确双方权利义务的协议。订立劳动合同的目的是在劳动者与用人单位之间建立劳动法律关系，规定劳动合同双方当事人的权利和义务，其基本特点是体现劳动关系当事人双方的意志。劳动者和用人单位签订劳动合同，其法律地位是平等的，但在劳动合同履行过程中，劳动者必须参加到用人单位的劳动组织中，担任一定职务或承担某一岗位的工作，服从用人单位的领导和指挥，遵守用人单位的劳动纪律、内部劳动规则和各项规章制度；同时享有用人单位的工资、劳动保险和福利待遇。

3. 集体合同

在现代市场经济条件下，企业或行业劳动条件的决定并不是由单方面决定的，既不是由雇主（用人单位）也不是由雇员或雇员的组织（工会）单方面决定的，而是在国家法律法规的最低标准基础上，由劳动关系双方经平等协商确定。

集体合同是集体协商双方代表根据劳动法律法规的规定，就劳动报酬、工作时间、休息休假、劳动安全卫生、保险福利等事项，在平等协商一致的基础上签订的书面协议。根据劳动法的规定，集体合同由工会代表职工与企业签订，没有成立工会组织的，由职工代表与企业签订。

4. 企业内部劳动规则

企业内部劳动规则是企业规章制度的组成部分，企业内部劳动规则的制定和实施是企业以规范化、制度化的方法协调劳动关系，对劳动过程进行组织和管理的行为，是企业以经营权为基础行使用公权的形式和手段。制定内部劳动规则是用人单位的单方法律行为，制定程序虽然应当保证劳动者的参与，但最终是由单位行政决定和公布的。企业内部劳动规则的基本特点是企业或者说雇主意志的体现。

5. 劳动争议处理制度

劳动争议处理制度是一种劳动关系处于非正常状态，经劳动关系当事人的请求，由依法建立的处理机构、调解机构、仲裁机构对劳动争议的事实和当事人的责任依法进行调查、协调和处理的程序性规范，是为保证劳动实体法的实现而制定的有关处理劳动争议的调解程序、仲裁程序和诉讼程序的规范。

6. 劳动监督检查制度

《劳动法》第八十五条规定："县级以上各级人民政府劳动行政部门依法对用人单位遵守劳动法律、法规的情况进行监督检查，对违反劳动法律、法规的行为有权制止，并责令改正。"第八十七条规定："县级以上各级人民政府有关部门在各自职责范围内，对用人单位遵守劳动法律、法规的情况进行监督。"

三、劳动合同与集体合同

（一）劳动合同

劳动合同是指劳动者与用人单位确立劳动关系、明确双方权利和义务的协议。其条款包括劳动合同期限、工作内容、劳动保护和劳动条件、劳动报酬、劳动纪律、劳动合同终止的条件、违反劳动合同的责任等。订立和变更劳动合同，应当遵循平等自愿、协商一致的原则，不得违反法律、法规。

1. 劳动合同的订立程序

用人单位与劳动者订立（含续订）劳动合同，应遵循平等自愿、协商一致和符合法律三项原则。凡依据三项原则订立的劳动合同，均具有法律的约束力，双方当事人必须履行该合同所规定的义务。

用人单位与劳动者是两个平等的社会主体，订立劳动合同一般需要经过的程序有以下几步。

（1）双方协商要约和承诺，也就是合同的条款。

（2）达成一致后双方签字或盖章。用人单位盖法人的章，必要时可书面委托所属的有关部门代为盖章，或由法定代表人签字或受委托人代为签字；劳动者应自己签字或盖章，遇有极特殊的情况，如本人因故出远门而合同又须及时订立的，也可书面委托他人代签。

（3）为保证合同的有效性，可以送劳动保障行政部门进行审核、鉴证。

（4）劳动合同一般应一式两份，用人单位与劳动者各持一份，若合同鉴证部门需要，也可一式三份。

2. 劳动合同的主要内容

劳动合同的内容可分为两方面：一是必备条款的内容；二是协商约定的内容。

（1）必备条款

《劳动法》第十九条规定了劳动合同的法定形式是书面形式，其必备条款有七项。

一是劳动合同期限。法律规定合同期限分为三种：①有固定期限，如1年期限、3年期限等均属这一种；②无固定期限，合同期限没有具体时间约定，只约定终止合同的条件，无特殊情况，这种期限的合同应存续到劳动者到达退休年龄；③以完成一定的工作为期限，例如劳务公司外派一员工去另外一公司工作，两个公司签订了劳务合同，劳务公司与外派员工签订的劳动合同期限是以劳务合同的解除或终止而终止，这种合同期限就属于以完成一定工作为期限的种类。用人单位与劳动者在协商选择合同期限时，应根据双方的实际情况和需要来约定。

二是工作内容。在这一必备条款中，双方可以约定工作数量、质量，劳动者的工作岗位等内容。在约定工作岗位时可以约定较宽泛的岗位概念，也可以另外签一个短期的岗位协议作为劳动合同的附件，还可以约定在何种条件下可以变更岗位条款等。掌握这种订立劳动合同的技巧，可以避免工作岗位约定过死，因变更岗位条款协商不一致而发生的争议。

三是劳动保护和劳动条件。在这方面可以约定工作时间和休息休假的规定，各项劳动安全与卫生的措施，对女工和未成年工的劳动保护措施与制度，以及用人单位为不同岗位劳动者提供的劳动、工作的必要条件等。

四是劳动报酬。此必备条款可以约定劳动者的标准工资、加班加点工资、奖金、津贴、补贴的数额及支付时间、支付方式等。

五是劳动纪律。此条款应当将用人单位制定的规章制度约定进来，可采取将内部规章制度印制成册，作为合同附件的形式加以简要约定。

六是劳动合同终止的条件。这一必备条款一般是在无固定期限的劳动合同中约定的，因为这类合同没有终止的时限。但其他期限种类的合同也可以约定。须注意的是，双方当事人不得将法律规定的可以解除合同的条件约定为终止合同的条件，以避免出现用人单位应当在解除合同时支付经济补偿金而改为终止合同不予支付经济补偿金的情况。

七是违反劳动合同的责任。一般可约定两种形式的违约责任：一是由于一方违约给对方造成经济损失，约定赔偿损失的方式；二是约定违约金，采用这种方式应当注意根据职工一方的承受能力来约定具体金额，不要出现显失公平的情形。另外，这里讲的违约，或者称违反劳动合同，不是指一般性的违约，而是指违约程度比较严重，达到致使劳动合同无法继续履行的程度，如职工违约离职、单位违法解除劳动者合同等等。

（2）约定条款

按照法律规定，用人单位与劳动者订立的劳动合同除上述七项必须具备的条款内容外，还可以协商约定其他的内容，一般简称为协商条款或约定条款，其实称为随机条款似乎更准确，因为必备条款的内容也是需要双方当事人协商、约定的。

随着劳动合同制的实施，人们的法律意识、合同观念会越来越强，劳动合同中的约定条款的内容会越来越多。这是改变劳动合同千篇一律状况、提高合同质量的一个重要体现。

（3）商业秘密事项如何约定

劳动合同是用人单位与劳动者的一种协议书，可以在其中约定商业秘密的内容。按照规定，可以约定在劳动合同终止前或该职工提出解除劳动合同后的一定时间内（不超过六个月），调整其工作岗位，变更劳动合同的相关内容；也可以约定用人单位对掌握商业秘密的职工规定在终止或解除劳动合同后的一定期限内（不超过三年），不得到生产同类产品或经营同类业务且有竞争关系的其他用人单位任职，也不得自己生产与原单位有竞争关系的同类产品或经营同类业务，但用人单位应当给予该职工一定数额的经济补偿。

（二）集体合同

集体合同是指用人单位与本单位职工根据法律、法规、规章的规定，就劳动报酬、工作时间、休息休假、劳动安全卫生、职业培训、保险福利等事项，通过集体协商签订的书面协议。根据劳动法的规定，集体合同由工会代表职工与企业签订，没有成立工会组织的，由职工代表与企业签订。

集体合同可分为基层集体合同、行业集体合同、地区集体合同等。我国集体合同体制以基层集体合同为主导体制，即集体合同由基层工会组织与企业签订。

1. 集体合同的特征表现

集体合同除具有一般协议的主体平等性、意思表示一致性、合法性和法律约束性以外，还具有自身的特点。

第一，集体合同是规定劳动关系的协议。集体合同反映的是以劳动条件为实质内容的关系，整体性地规定劳动者与企业之间的劳动权利与义务。现实劳动关系的存在是集体合同存在的基础。

第二，工会或劳动者代表职工一方与企业签订。集体合同的当事人一方是企业，另一方当事人不能是劳动者个人或劳动者中的其他团体或组织，而只能是工会组织代表劳动者，没有建立工会组织的，则由劳动者按照一定的程序推举职工代表。

第三，集体合同是定期的书面合同，其生效须经特定程序。根据劳动法的有关规定，集体合同文本须提交政府劳动行政部门审核，经审核通过的集体合同才具有法律效力。

2. 集体合同与劳动合同的不同

（1）主体不同。协商、谈判、签订集体合同的当事人一方是企业，另一方是工会组织或劳动者按照合法程序推举的代表；劳动合同的当事人则是企业和劳动者个人。

（2）内容不同。集体合同的内容是关于企业的一般劳动条件标准的约定，以全体劳动者共同的权利和义务为内容。它可以涉及集体劳动关系的各个方面，也可以只涉及劳动关系的某一方面；劳动合同的内容只涉及单个劳动者的权利义务。

（3）功能不同。协商、订立集体合同的目的是规定企业的一般劳动条件，为劳动关系的各个方面设定具体标准，并作为单个劳动合同的基础和指导原则；劳动合同的目的是确立劳动者和企业的劳动关系。

（4）法律效力不同。集体合同规定企业的最低劳动标准，凡劳动合同约定的标准低于集体合同标准的一律无效，故集体合同的法律效力高于劳动合同。

3. 集体合同的作用及意义

集体合同制度在协调劳动关系中处于重要地位，其意义表现在以下几个方面。

第一，订立集体合同有利于协调劳动关系。通过集体合同的协商、签订，可以将经营者与劳动者在劳动关系中的不同利益追求以集体合同的形式统一起来，在劳动主体与用工主体之间建立相互依存、相互合作的关系，为建立利益协调型的劳动关系提供法律保障。

第二，加强企业的民主管理。集体合同约定的各项条款是经过民主协商制定的，签订和履行集体合同，体现了劳动者参加民主管理的原则，因此集体合同是企业管理民主化的重要形式。

第三，维护职工合法权益。由工会代表劳动者与企业订立集体合同，可以改善单个劳动者在劳动关系中的地位，有效地防止企业侵犯劳动者的合法劳动权益。此外，劳动关系各方面的内容都由劳动合同具体规定，必然增加协商、确定劳动合同的成本。集体合同对劳动关系的主要方面和一般条件做出规定后，劳动合同只须就单个劳动者的特殊情况做出约定即可，从而可以提高建立劳动关系的效果。

四、劳动争议与劳动保护

（一）劳动争议

劳动关系当事人之间因劳动的权利与义务发生分歧而引起的争议，又称劳动纠纷。其中有的属于既定权利的争议，即因适用劳动法和劳动合同、集体合同的既定内容而发生的争议；有的属于要求新的权利而出现的争议，是因制定或变更劳动条件而发生的争议。

1. 劳动争议的主体范围

劳动争议的主体范围包括：①中国境内的企业与职工；②个体工商户与学徒、帮工；③国家机关、事业组织、社会团体与本单位的工人（或称工勤人员）及与之建立劳动合同关系的非工勤人员；④军队、武警部队的机关、事业组织、企业与无军籍职工；⑤用人单位与一部分离退休人员及其聘用的离退休人员；⑥中国境外企业或劳动者与境内劳动者或企业在中国境内签订或履行劳动合同的。

2. 劳动争议的分类方式

常用的劳动争议分类方式主要有以下几种。

（1）按照劳动争议中是否含有涉外因素来分类，可分为国内劳动争议和涉外劳动争议。

（2）按照劳动争议的内容来分类，可分为权利争议和利益争议。

（3）按照职工一方当事人涉及的人数来分类，可分为集体争议和个人争议（三人以上为集体争议，三人以下为个人争议）。

（4）按照劳动争议的客体来划分，可分为履行劳动合同争议、开除争议、辞退争议、辞职争议、工资争议、保险争议、福利争议、培训争议等。

3. 劳动争议的主要内容

根据《中华人民共和国企业劳动争议处理条例》第二条规定，劳动争议主要包括：①因企业开除、除名、辞退职工和自动离职发生的争议；②因执行国家有关工资、保险、福利、培训、劳动保护的规定发生的争议；③因履行劳动合同发生的争议；④法律、法规规定因当依本法处理的其他劳动争议。

根据《中华人民共和国劳动争议调解仲裁法》第二条规定，劳动争议主要包括：①因确认劳动关系发生的争议；②因订立、履行、变更、解除和终止劳动合同发生的争议；③因除名、辞退和辞职、离职发生的争议；④因工作时间、休息休假、社会保险、福利、培训以及劳动保护发生的争议；⑤因劳动报酬、工伤医疗费、经济补偿或者赔偿金等发生的争议；⑥法律、法规规定的其他劳动争议。

4. 劳动争议的鲜明特点

企业劳动争议是发生在企业内部的企业劳动者与企业管理者之间的利益矛盾、利益争端或纠纷。它与一般的民事纠纷或民事争议相比，具有以下几个方面明显的特点。

第一，有特定的争议内容。只有围绕经济利益而发生的企业劳动权利和劳动义务的争议，才是企业劳动争议；凡是在企业劳动权利和劳动义务范围之外的争议，都不属于企业劳动争议。例如，企业因财务问题、营销问题以及员工的股份分红问题而发生的争议就不属于企业劳动争议。

第二，有特定的争议当事人。企业劳动争议的当事人就是也只能是企业劳动关系的双方主体，即一方是企业管理者及其代表，另一方是企业劳动者及其代表。只有劳动者及其代表与企业管理者及其代表之间通过集体合同或劳动合同建立了劳动关系，他们才有可能成为企业劳动争议的双方当事人。只有发生在企业劳动关系双方主体之间的争议，才是企业劳动争议。

第三，有特定的争议手段。争议手段是指争议双方当事人坚持自己主张和要求的外在表达方式。企业劳动争议的手段不仅包括劳动者的怠工、联合抵制排工等方式，也包括企业劳动关系双方主体经常使用的抱怨、旷工、工作周转、限制产量、工业意外事故以及工业破坏活动等方法。这些便构成了企业劳动争议特定的手段。

5. 劳动争议的引发原因

劳动争议的发生，说明劳动关系在运行过程中碰到了障碍，是劳动关系中存在的不稳定因素呈显性化、复杂化状态，是劳动关系这一矛盾诸方面运动的结果。无论什么事物的运动都采取两种状态：相对静止的状态和显著变动的状态。两种状态的运动都是由事物内部包含的两个矛盾着的因素相互斗争所引起的。当事物的运动在第一种状态的时候，它只是数量的变化，没有性质的变化，所以显出好似静止的面貌。当事物的运动在第二种状态的时候，它已由第一种状态中的数量的变化达到了某一个最高点，引起了统一物的分解，发生了性质的变化，所以显出显著变化的面貌。我们在日常生活中所看见的统一、团结、联合、调和、均势、相持、僵局等，都是事物处在量变状态中所显现的面貌。而统一物的分解、团结、联合、调和、均势、相持等状态的破坏，变到相反的状态，便都是事物在质变状态中，在一种过程过渡到他种过程的变化中所显现的面貌。事物总是不断地由第一种状态转化为第二种状态，而矛盾的斗争则存在于两种状态中，并经过第二种状态而达到矛盾的解决。

6. 劳动争议的处理

（1）处理体制的选择

各国处理劳动争议所遵循的立法原则不外乎两种：一是自愿原则；二是强制原则。遵循不同的基本原则，就会形成不同的组织体制和办案体制。

根据自愿原则，调解或仲裁机构独立于政府的特征较强，由双方当事人协议是否调解或仲裁；和解协议必须是双方自愿达成；仲裁人员应由当事人选择。这就形成了"裁审自择""裁审分轨"的双轨体制。

根据强制原则，调解或仲裁机构与政府的联系较多，政府常常从中起主要作用；劳动争议任何一方当事人或者政府无须协商均可依据法律规定交付仲裁解决争议；仲裁人员由仲裁机构指定。在强制原则下，有的国家规定仲裁裁决具有终局效力；有的国家则规定对裁决不服，当事人可向法院起诉，形成"裁审衔接"的单轨体制。

（2）劳动争议处理的一般方法

第一，劳资双方自行解决。

劳资协商制度是市场经济国家处理企业劳动争议的一种重要制度，协商解决的办法在处理企业劳动争议中使用的频率相当大。

协商解决的办法，主要是指劳资双方在平等的地位上就彼此争议的问题和焦点进行协商，以求得问题的解决。劳资协商制度，由于各国的国情、历史、传统的不同，形成各自不同的协商风格和协商内容，所以，各国都有自己不同的特点。概括起来，主要有劳资对话制、劳资共决制、工人代表制三种。

在市场经济国家中，企业集体谈判也往往作为解决企业劳动争议的主要手段之一。实际上，企业集体合同在某种程度上也可以看作是企业劳动争议处理的一种结果或结论。因此，可以说，与劳资协商制度一样，集体谈判制度也是市场经济国家一种重要的企业劳动争议的处理制度。

第二，第三方参与解决。

由劳资双方自己解决彼此之间的劳动争议或纠纷在市场经济国家已经形成了各种成熟的制度，这就是上文分析的劳资协商制度、集体谈判制度等。而当劳资双方彼此之间根本达不成协议时，即劳资双方自己无法解决彼此之间的劳动争议时，就需要借助于第三方参与来解决这种争议。一般来说，企业劳动争议处理中的第三方参与主要有三种基本办法：调解、仲裁和诉讼。

我们所说的处理劳动争议，一般而言，均是指有第三方参与的劳动争议处理。在第三方参与的企业劳动争议处理的三种主要办法中，除诉讼以外，其他两种办法都需要建立相应的企业劳动争议处理的组织机构。

（3）劳动争议的处理原则

一是合法原则。合法原则是指企业劳动争议的处理机构在处理争议案件时，要以法律为准绳，并遵循有关法定程序。

二是公正和平等原则。公正和平等原则要求企业劳动争议的任何一方当事人都不得有超越法律和有关规定以上的特权。

三是调解原则。调解原则是指调解这种手段贯穿于企业劳动争议第三方参与处理的全过程。

四是及时处理原则。及时处理原则是指企业劳动争议的处理机构在处理争议案件时，要在法律和有关规定要求的时间范围内对案件进行受理、审理和结案，无论是调解、仲裁还是诉讼，都不得违背在时限方面的要求。

（4）劳动争议处理的程序

第一步：调解。

调解是处理企业劳动争议的基本办法或途径之一。事实上，调解可以贯穿整个劳动争议的解决过程。它既指在企业劳动争议进入仲裁或诉讼以后由仲裁委员会或法院所做的调解工作，也指企业调解委员会对企业劳动争议所做的调解活动。这里所说的调解指的是后者。企业调解委员会所做的调解活动主要是指，调解委员会在接受争议双方当事人调解申请后，首先要查清事实、明确责任，在此基础上根据有关法律和集体合同或劳动合同的规定，通过自己的说服、诱导，最终促使双方当事人在相互让步的前提下自愿达成解决劳动争议的协议。目前，劳动争议调解委员会设于企业，由企业的员工代表、行政代表和工会委员会代表组成，主任由各成员共同推举，委员会的工作受员工代表大会的领导。

实施调解的结果有两种：一是调解达成协议，这时要依法制作调解协议书；二是调解不成或调解达不成协议，这时要做好记录，并制作调解处理意见书，提出对争议的有关处理意见，建议争议双方当事人依照有关法规的规定，向劳动仲裁委员会提出仲裁申请。劳动争议调解委员会处理劳动争议，应当自当事人提出申诉之日起 30 日内结案，到期未结案则视为调解不成。

第二步：仲裁。

仲裁是西方国家另一种解决劳动关系冲突的办法。同时，仲裁也是市场经济国家处理劳动争议的另一种基本办法或途径。仲裁是指劳动争议仲裁机构依法对争议双方当事人的争议案件进行居中公断的执法行为，其中包括对案件的依法审理和对争议的调解、裁决等一系列活动或行为。

第三步：审判。

劳动争议当事人不服仲裁，可以在收到仲裁决定书之日起 15 日内向法院起诉，由法院依民事诉讼程序进行审理及判决。法院审判劳动争议的最大特点在于它的处理形式的严肃性与权威性及其法律效力。但审判毕竟是解决劳动争议的最后阶段，由于有调解和仲裁程序在前，所以，真正通过审判解决的劳动争议并不多。

（二）劳动保护

劳动保护是指国家和单位为保护劳动者在劳动生产过程中的安全和健康所采取的立法和组织、技术措施的总称。

从这个简短的定义可以看出，劳动保护的对象很明确，是保护从事劳动生产的劳动者。劳动保护的另一个含义是依靠技术进步和科学管理，采取技术措施和组织措施，来消除劳动过程中危及人身安全和健康的不良条件和行为，防止伤亡事故和职业病危害，保障劳动者在劳动过程中的安全和健康的一门综合性学科。

1. 劳动保护的任务分析

第一，不断改善劳动条件，使不安全的、有害健康的作业安全化、无害化，使繁重的体力劳动机械化、自动化，实现安全生产和文明生产。

第二，规定法定工时和休假制度，限制加班加点，保证劳动者有适当的休息时间和休假日数。

第三，根据妇女劳动者生理特点，实行特殊保护。

2. 劳动保护的主要内容

劳动保护不包括员工其他劳动权利和劳动报酬等方面的保护，也不包括生活中的卫生保健和伤病医疗工作。另外，在劳动过程中还有一些因素对劳动者的安全健康也有影响。例如，劳动时间过长、劳动强度过大，会造成过度疲劳，积劳成疾，并且容易发生工伤事故；女工和未成年工从事过于繁重的或有害妇女生理的劳动，也会给他们的健康造成危害。

劳动保护包括劳动安全和劳动卫生两个方面：①劳动安全是指在生产劳动过程中，防止中毒、车祸、触电、塌陷、爆炸、火灾、坠落、机械外伤等危及劳动者人身安全的事故发生；②劳动卫生是指对劳动过程中的不良劳动条件和各种有毒有害物质的防范，或者是防范职业病的发生。

按照《劳动法》第五十二条的规定："用人单位必须建立、健全劳动安全卫生制度，对劳动者进行劳动安全卫生教育，防止事故，减少职业危害。"第五十四条规定："用人单位必须为劳动者提供符合国家规定的劳动安全卫生条件和必要的劳动防护用品。"第五十五条规定："对从事有职业危害作业的劳动者进行定期的健康检查。"

3. 劳动保护的措施

（1）劳动保护的组织措施

第一，制定和完善劳动保护法规和规章制度。例如，从机关、部门、企事业单位到管理人员和劳动者个人在劳动保护工作上的职权和责任的规定；劳动安全和劳动卫生的技术标准和现场作业规程；关于伤亡事故的调查、处理、统计和报告的规定；工时和休假制度；妇女劳动特殊保护的规定等。

第二，设置劳动保护国家监察员，负责监督检查单位和个人执行劳动保护规章制度和安全卫生技术标准、作业规程的情况。同时，在企事业单位的班组（或车间）一级建立劳动保护员网，对本单位的劳动保护工作实行群众监督。

第三，加强劳动保护科学研究，为制定劳动保护法规和安全卫生技术标准提供科学依据，为采用新技术、新设备拟定相应的劳动保护技术措施，研制监测仪器设备。

第四，开展劳动保护宣传教育。包括在大专院校设置劳动保护专业，培养高级专门技术人才；培训生产管理人员和劳动保护专职人员；对特殊工种工人实行专业训练和考试发证制度；利用电影、电视、广播、报刊、展览等形式普及劳动保护理论和技术知识。

（2）劳动保护的技术措施

技术措施主要包括对由于物理、化学等因素可能突然发生的不安全因素，对由于机械性的伤害包括机械传动部分的设备和工具引起的砸、割等伤害，对由于高空坠落引起的伤害，对由于从事有毒有害作业而引致的伤害等所采取的相应预防性技术对策和防护措施。

在我国，按照劳动保护立法，各级政府机关、经济部门、企事业单位及其管理人员都必须采取各种组织措施和技术措施，为劳动者建立安全、卫生、舒适的劳动条件；预防和消除劳动过程中的伤亡事故、职业中毒和职业病的发生；保护劳动者的身体健康和生命安全；保持和提高劳动者持久的劳动能力，避免社会劳动力和物质财富不应有的损失。

第四章 人力资源管理的目标性工作

第一节 人力资源战略管理

一、人力资源战略管理概述

人力资源战略是组织为适应外部环境变化的需要和人力资源开发与自身发展的需要，根据组织战略，充分考虑员工的期望而制订的人力资源开发与管理的纲领性的长远计划，人力资源战略将人力资源作为重要的资产加以投资，并努力促使其保值和增值，以便提高其对组织的价值。

（一）人力资源战略的分类

1. 舒勒对人力资源战略的分类

罗纳德·舒勒（Schuler）根据对人力资源工作的认识不同，通过研究将人力资源战略分为三种类型：累积型战略、效用型战略和协助型战略。

（1）累积型战略。企业以长期的观点来考核衡量人力资源管理工作，因此较重视内部员工的培养和人才的发掘，通过严格的筛选从内部获取适任的人才；以终生雇佣为原则，同时以公平原则对待员工；员工晋升速度慢，依据员工的工作层次和工作年限来确定薪酬。

（2）效用型战略。企业以短期的观点来考核衡量人力资源管理工作，因此提供较少的员工培训机会，企业职位一有空缺随时填补，实行非终生雇佣制，员工晋升速度快，采用以个人为基础的薪酬支付方式。

（3）协助型战略。介于累积型和效用型战略之间，职工个人不仅需要具备技术性能力，同时要能在同事之间建立良好的互动协作关系；至于培训方面，员工个人负有学习的责任，而企业则只是提供协助而已。

2. 史戴斯和顿菲对人力资源战略的分类

史戴斯和顿菲（Stace&Dunphy）根据企业变革的程度不同，将人力资源战略分为以下四种战略：家长式、开发式、任务式和转型式人力资源战略。

（1）家长式人力资源战略

变革程度：基本稳定，微小调整。

管理方式：以指令式管理为主。

主要特点：①集中控制人事管理；②强调次序和一致性；③硬性的内部任免规定；④重视操作与监督；⑤人力资源管理基础是奖惩与协议；⑥注重规范的组织结构与方法。

（2）开发式人力资源战略

变革程度：循序渐进，不断变革。

管理方式：以咨询式管理为主，以指令式管理为辅。

主要特点：①注重开发个人和团队；②尽量从内部招聘；③大规模的发展和培训计划；④"内在激励"多于"外在激励"；⑤优先考虑企业的总体发展；⑥强调企业的整体文化；⑦重视企业绩效管理。

（3）任务式人力资源战略

变革程度：局部变革。

管理方式：以指令式管理为主，以咨询式管理为辅。

主要特点：①非常注重业绩和绩效管理；②强调人力资源规划、工作设计和工作常规检查；③注重物质奖励；④同时进行企业内外部招聘；⑤开展正规的技能培训；⑥有正规程序处理劳动关系和问题；⑦重视战略事业部的组织文化。

（4）转型式人力资源战略

变革程度：整体变革。

管理方式：指令式管理与高压式管理并重。

主要特点：①对企业组织结构进行重大变革，对职务进行全面调整；②进行裁员，调整员工队伍结构，缩减开支；③从外部招聘骨干人员；④对管理人员进行团队训练，建立新的"理念"和"文化"；⑤打破传统习惯，摒弃旧的组织文化；⑥建立适应经营环境的新的人力资源系统和机制。

3. 戴尔和霍德对人力资源战略的分类

美国康奈尔大学的戴尔（Dyer）和霍德（Holder）等人依据形成员工队伍的方式不同，从控制的角度把人力资源战略分为三种：吸引战略、投资战略和参与战略。

（1）吸引战略。通过丰厚的薪酬制度诱引和培养人才，从而形成一支稳定的高素质的员工队伍。如利润分享计划、奖励政策、绩效奖酬、附加福利等。薪酬高导致人工成本的增加，因此很多企业实行员工数量控制，所吸引的员工通常是技能高度专业化、招聘和培训费用相对较低，管理上则采取单纯利益交换为基础的严密的科学管理模式。

（2）投资战略。通过聘用数量较多的员工，形成一个备用人才库，以提高企业的灵活性，并储备多种专业技能人才。这种战略注重员工的开发与培训，注意培育良好的劳动关系，并与员工建立长期的工作关系，视员工为投资对象，使员工感到有较高的工作保障。

（3）参与战略。谋求员工有较大的决策参与机会和权力，使员工在工作中有自主权，管理人员更像教练一样为员工提供咨询和帮助。采取这种战略的企业很注重团队建设、自我管理和授权管理。企业在员工的培训上也注重员工的沟通技巧、解决问题的方法、团队工作等。如日本企业的 QC 小组。

（二）企业管理中人力资源战略的作用

第一，人力资源战略是企业战略的核心。在企业竞争中，人才是企业的核心资源，人力资源战略处于企业战略的核心地位。企业的发展取决于企业战略决策的制定，企业的战略决策基于企业的发展目标和行动方案的制订，而最终起决定性作用的还是企业对高素质人才的拥有量。有效地利用与企业发展战略相适应的管理和专业技术人才，最大限度地发掘他们的才能，可以推动企业战略的实施，促进企业的飞跃发展。

第二，人力资源战略可提高企业的绩效。员工的工作绩效是企业效益的基本保障，企业绩效的实现是通过向顾客有效地提供企业的产品和服务体现出来的。而人力资源战略的重要目标之一就是实施对提高企业绩效有益的活动，并通过这些活动来发挥其对企业成功所做出的贡献。过去，人力资源管理是以活动为宗旨，主要考虑做什么，而不考虑成本和人力的需求；经济发展正在从资源型经济向知识型经济过渡，企业人力资源管理也就必须实行战略性的转化。人力资源管理者必须把他们活动所产生的结果作为企业的成果，特别是作为人力资源投资的回报，使企业获得更多的利润。从企业战略上讲，人力资源管理作为一个战略杠杆能有效地影响公司的经营绩效。人力资源战略与企业经营战略结合，能有效推进企业的调整和优化，促进企业战略的成功实施。

第三，利于企业形成持续的竞争优势。随着企业间竞争的日益白热化和国际经济的全球一体化，很难有哪个企业可以拥有长久不变的竞争优势。往往是企业创造出某种竞争优势后，经过不长的时间被竞争对手所模仿，从而失去优势。而优秀的人力资源所形成的竞争优势很难被其他企业所模仿。所以，正确的人力资源战略对企业保持持续的竞争优势具有重要意义。人力资源战略的目标就是不断增强企业的人力资本总和。扩展人力资本，利用企业内部所有员工的才能吸引外部的优秀人才，是企业战略的一部分。人力资源工作就是要保证各个工作岗位所需人员的供给，保证这些人员具有其岗位所需的技能，即通过培训和开发来缩短及消除企业各职位所要求的技能和员工所具有的能力之间的差距。当然，还可以设计与企业的战略目标相一致的薪酬系统、福利计划，提供更多的培训，为员工设计职业生涯计划等来增强企业人力资本的竞争力，达到扩展人力资本，形成持续的竞争优势的目的。

第四，对企业管理工作具有指导作用。人力资源战略可以帮助企业根据市场环境变化与人力资源管理自身的发展，建立适合本企业特点的人力资源管理方法。如根据市场变化确定人力资源的长远供需计划；根据员工期望，建立与企业实际相适应的激励制度；用更科学、先进、合理的方法降低人力成本；根据科学技术的发展趋势，有针对性地对员工进行培训与开发，提高员工的适应能力，以适应未来科学技术发展的要求等。一个适合企业自身发展的人力资源战略可以提升企业人力资源管理水平，提高人力资源质量；可以指导企业的人才建设和人力资源配置，从而使人才效益最大化。将人力资源由社会性资源转变成企业性资源，最终转化为企业的现实劳动力。人力资源战略是实现企业战略目标，获得企业最大绩效的关键。研究和分析人力资源战略，有利于提升企业自身的竞争力，是达到人力资本储存和扩张的有效途径。人力资源战略在企业实施过程中必须服从企业战略，企业战略形成的实际中也必须积极考虑人力资源因素，二者只有达到相互一致、相互匹配，才能促进企业全面、协调、可持续发展。

（三）人力资源战略与企业战略的相互匹配

1. 与企业基本经营战略的配合

第一，采用成本领先的企业多为集权式管理，生产技术稳定，市场也较成熟，因此企业主要考虑的是员工的可靠性和稳定性，工作通常是高度分工和严格控制。企业追求的是员工在指定的工作范围内有稳定一致的表现，如果员工经常缺勤或表现参差不齐，必将对生产过程和成本造成严重影响。

第二，采用产品差异化战略的企业主要以创新性产品和独特性产品去战胜竞争对手，其生产技术一般较复杂，企业处在不断成长和创新的过程中。这种企业的成败取决于员工的创造性，注重培养员工的独立思考和创新工作的能力。员工的工作内容较模糊，非重复性并有一定的风险。企业的任务就是为员工创造一个有利的环境，鼓励员工发挥其创造性。

第三，采取高品质战略的企业依赖于广大员工的主动参与，才能保证其产品的优秀品质。企业重视培养员工的归属感和合作参与精神，通过授权，鼓励员工参与决策或通过团队建设让员工自主决策。如日本企业就广泛采用这一战略。

2. 与企业发展战略的配合

（1）集中式单一产品发展战略。企业采取这种发展战略时，往往具有规范的职能型组织结构和运作机制，高级集权的控制和严密的层级指挥系统，各部门和人员都有严格的分工。这种企业采用家长式人力资源战略，在员工选择招聘和绩效考评上，较多从职能作用上评判，且较多依靠各级主管的主观判断。在薪酬上，这种企业多采用自上而下的家长式分配方式，即上司说了算。在员工培训和发展方面，以单一的职能技术为主，较少考虑整个系统。

（2）纵向整合式发展战略。采取这种发展战略的企业在组织结构上仍较多实行规范性职能型结构的运作机制，控制和指挥同样较集中，但这种企业更注重各部门实际效率和效益。其人力资源战略多为任务式，即人员的挑选招聘和绩效考评较多依靠客观标准，立足于事实和具体数据，奖酬的依据主要是工作业绩和效率，员工的发展仍以专业化人才培养为主，少数通才主要通过工作轮换来培养和发展。

（3）多元化发展战略。采取这种发展战略的企业因为经营不同产业的产品系列，其组织结构较多采用战略事业单位（SBU）或事业部制。这些事业单位都保持着相对独立的经营权。这类企业的发展变化较为频繁，其人力资源管理多为发展式。在人员招聘和选择上，较多运用系统化标准，对员工的考绩主要是看员工对企业的贡献，主客观评价标准并用，奖酬的基础主要是对企业的贡献和企业的投资效益，员工的培训和发展往往是跨职能、跨部门甚至跨事业单位的系统化开发。

二、人力资源战略的制定

为使企业战略能有效落实，企业必须从战略上重视人力资源开发与管理，制定相应的人力资源战略来支撑企业战略，使企业能够适应环境变化，获得可持续发展。

（一）人力资源战略制定的程序

人力资源战略的制定程序包括人力资源战略环境分析、人力资源战略的制定与选择、人力资源战略的实施、人力资源战略的评估与控制等四个步骤。

1. 人力资源战略环境分析

人力资源战略环境分析包括外部环境分析和内部环境分析。

外部环境分析主要包括：组织所处地域的经济形势及发展趋势；组织所处行业的演变、生命周期、现状及发展趋势；组织在行业所处的地位、所占的市场份额；竞争对手的现状及增长趋势，竞争对手的人力资源状况，竞争对手的人力资源政策；预计可能出现的新竞争对手；组织外部的劳动力市场状况，政府的人力资源政策、法规对组织人力资源战略的影响等。外部环境的分析通常采取 PEST 分析法进行分析。

内部环境分析主要包括：企业内部的资源、企业所处的生命周期、发展阶段、企业总体发展战略、企业的组织文化，以及企业员工的现状和他们对企业的期望。

2. 人力资源战略的制定与选择

人力资源战略的制定采取 SWOT 分析法，在用 PEST 分析法对企业外部人力资源环境进行分析，环境中存在哪些机会可以被人力资源管理的各个环节（招聘管理、薪酬管理、劳动关系管理）利用，环境中存在哪些威胁应该予以避免？然后是企业内部人力资源管理能力和资源现状的分析，以回答公司目前的人力资源管理有哪些优势？哪些劣势？

通过对环境中的机会与威胁的分析和企业内部优势与劣势的分析，通过 SWOT 矩阵，把企业面临的外部环境机会和威胁与企业内部的优势和劣势相匹配，得到四类可能的战略选择。结合人力资源管理中人才的"选、用、育、留"来选择人力资源战略。

SO 战略：利用企业内部优势，抓住外部环境中的有利机会，"利用战略"；

WO 战略：利用外部环境机会，弥补和改善企业内部的劣势，"改进战略"；

ST 战略：利用企业内部优势、躲避外部环境中可能的威胁，"监视战略"；

WT 战略：主要是使劣势最小化以躲避外部环境中的威胁，"消除战略"。

各种人力资源战略与人力资源管理活动的整合。根据环境分析所确定的人力资源战略，确定人力资源管理活动（人才获取、培训开发、考核评价、薪酬激励）的策略，将人力资源战略变成可执行的人力资源策略，指导人力资源活动的开展。

3. 人力资源战略的实施

人力资源战略的实施是将战略变成可执行的行动方案的转变过程，在转化过程中要制定具体的战略目标、战略实施计划、实施保障计划以及资源的合理平衡、人力资源规划等，使人力资源战略可操作化，把战略变成具体的人力资源管理业务活动。同时要使战略制度化，通过制度来保证战略的实施，使战略切实落到实处。

战略的实施是人力资源开发与管理的一项重要工作，必须有保证措施，根据战略实施计划，对照战略目标，组织资源，按计划实施。同时在实施中必须协调好组织与个人间的利益关系。要充分利用组织内部资源与技术资源，推进战略的顺利实施。

4. 人力资源战略的评估与控制

人力资源战略在实施过程中，根据企业战略的变化，人力资源战略环境的变化，必须进行适时的调整，同时要监控战略实施过程中的偏差，及时对其调整，同时要对企业的文化进行调整，以适应战略的实施。战略评估是在战略实施过程中寻找战略与现实的差异，发现战略的不足之处，及时调整战略，使之更符合于组织战略与实际的过程。评估一个人力资源战略需要从两个方面着手：评价人力资源政策与企业战略和目标的协调一致性；判断这些一致性的政策最终对企业的贡献程度。只要不断地调整和评估才能确保战略的有效实施。

（二）人力资源战略制定的方法

人力资源战略的制定根据制定的出发点不同可分为两种方法：一种是目标分解法；另一种是目标汇总法。

1. 目标分解法

目标分解法是根据组织发展战略对人力资源开发与管理的要求，提出人力资源战略的总目标，然后将此目标层层分解到部门与个人，形成各部门与个人的目标与任务。这种方法的优点是：战略的系统性强，对重大事件与目标把握比较准确、全面，对未来的预测性较好。其缺点主要是：战略易与实际相脱节，容易忽略员工的期望，而且过程烦琐，不易被一般管理人员所掌握。

2. 目标汇总法

目标汇总法是目标分解法的逆向过程。它首先是部门与每个员工讨论、制定个人工作目标。在目标制定时充分考虑员工的期望与组织对员工的素质、技能、绩效要求，提出工作改进方案与方法，规定目标实施的方案与步骤，然后再由此形成部门的目标，最后由部门目标形成组织的人力资源战略目标。部门与个人目标的确定往往采用经验估计、趋势估计的方法。这种方法的优点是：目标与行动方案非常具体，可操作性强，并充分考虑员工的个人期望。其缺点是：全局性较差，对重大事件与目标及未来的预见能力较差。

第二节　员工职业生涯管理

一、职业与职业生涯管理的界定

（一）职业

职业的出现是随着社会的不断进步，以及经济的持续发展而社会分工的结果。自其出现以来，职业的含义也在不断丰富。一直以来，不少学者都在坚持研究职业的学术理论，在众多理论研究中，不同流派的专家学者因其研究目的不同，因此对职业的理论有着自身不同的理解。因此，职业的概念是不固定的，它总在变化，没有统一的概念能够解释职业。目前，中国职业规划师协会的定义被大多数人接受，即职业是某个行业需要的职能，这是对职业的描述，职业有以下特征。

一是经济特征。从出现的角度看，职业的产生源自生产分工，经济发展到一定阶段就一定会出现这样的结果，是历史发展的必然。从个体生存的角度来看，人们依靠工作来获得经济收入，每份工作背后都代表了一份职业，是个体能够在社会中生存的重要途径。从社会建设的角度看，职业是社会经济运行的重要支柱，能够为社会创造劳动财富，为社会的发展提供了必不可少的物质基础。从经济发展的角度来看，经济发展可以促进社会分工的改善，从而创造新的就业岗位。

二是社会特征。职业的产生和社会发展息息相关，是必然产物。就业岗位的出现反映了社会分工的改善。新工作岗位的出现，意味着社会分工得到了有效改善。社会成员在社会上从事着不同的职业，社会才能持续发展。

三是技术特征。一个职业的出现，意味着一个特定工作的开展必须由特定才能的人进行，这个人必须具备完成该工作任务的能力，满足高水平的专业工作要求。因此，每个职业都有一定职责，要求从业者的知识完备、技能熟练，这主要体现在对于从业者的学历、专业资格、专业技能水平等都有特定的要求。只有工作人员符合各项工作要求，才可以从事这个职业的相关工作。

四是群体特征。一个职业的出现，必然是很多人从事一个特定的职业，才能有一个特定的职业，一个人也可以具备多个职业。当一种工作的人数量达到了一定规模，且被社会认可时，那么这份工作就可以称为一个职业，所以这个职业具有鲜明的群体特征。

五是发展性特征。职业一致都处于动态变化。它的发展深受社会经济、技术和文化等多方面因素的影响。社会经济、科技水平和文化发展程度都会导致社会职业的变化，有的职业在社会发展中消失了，但同时也会有新的职业出现。因此，职业有自身的发展性，职业发展离不开社会环境的发展。

（二）职业生涯

1. 职业生涯的定义理解

"职业生涯"（Career）是指一个人一生从事的职业历程。在20世纪初，社会发展相对稳定，一个人从事某职业之后，基本上不大改变，职业生涯的概念与职业或工作几乎没有什么差异。以后，随着社会经济的发展，社会变更加快，职业稳定性相应降低，不少人一生中可能会多次变换职业。这时，人们对职业生涯有了新的认识，注重其发展性，强调职业的发展变化。从担任职务的历程来看，职业生涯是指一个人职业发展与进步的过程，也可被看作是企业内部的等级晋升；从工作经历方面来看，职业生涯是一个人一生工作经历的总和，包括其在企业生活中从事过的各种工作以及获取的职业经验；从个人的主观因素方面来看，我们也可将职业生涯理解为个人对自己职业的规划和事业理想；等等。虽然职业生涯有着各不相同的内涵与定义，但我们可以从中窥探到人们对职业生涯认识的共同之处，即指一个人在其整个生命过程中所从事的全部工作和获得的工作经验与技能的总和。从时间角度看，职业生涯包括一个人有意识地对自己的职业进行规划、准备、从事职业、改变职业、推出劳动的全过程。在这一过程中，职业经验的积累既可以是连续的，也可以是间断的。

2. 职业生涯规划的形态

职业生涯规划根据组织形态的不同，主要可以分为组织职业生涯规划和个人职业生涯规划两种。其中，组织职业生涯规划是指一个组织的人力资源管理部门，以满足组织发展需要为基本目的而进行的一系列管理活动。这种规划的主体是组织，在规划过程中注重组织成员与团体发展的结合，进而制定有关员工事业发展的战略设想与计划安排。如根据组织确定的员工发展目标编制员工的工作、教育和培训的行动计划等，以充分挖掘员工潜力，激励员工，并留住优秀人才。其根本目的是为了组织（企业）的发展。其实在最初，职业生涯规划就是企业作为组织的人力资源管理的一项重要内容而实施的，以后才进入到学校的职业辅导领域。

个人职业生涯规划属于个人的主动行为，其以个人为出发点，对个人在不同阶段与职业相关的事件进行计划和安排。包括职业准备期的专业选择、技能培训以及具体工作的选择和调整等。对于大学生而言，目前正处于职业准备阶段，自己未来的工作方向和工作单位都无法确定，所以可以暂时不考虑组织的发展要求。在校大学生应该将关注点放在挖掘自己特长、培养自身兴趣爱好上，并经常关注社会就业形势，分析社会需求，在此基础上综合考虑自己未来的职业定向。

另外，职业生涯规划按时间形态还可划分为短期规划、中期规划和长期规划。时间在一年以内的规划为短期规划，主要是制定短期目标，安排并实现短期内的任务；时间在 2 ~ 5 年的规划为中期规划，主要在短期规划的基础上进一步制定目标；时间在 5 年以上则为长期规划，主要是制定长远的目标。

（三）职业生涯管理

职业生涯管理是指组织和员工对组织及员工个人的职业生涯进行设计、规划、执行、评估、反馈和修正的综合性的过程，是组织提供的用于帮助组织内正从事某类职业员工的行为过程。职业生涯管理分为个人职业生涯管理和组织职业生涯管理。从个人的角度讲，职业生涯管理就是一个对自己所要从事的职业、要进入的工作组织、在职业发展上要达到的高度等做出规划和设计，并为实现自己的职业目标而积累知识、开发技能的过程。从组织角度讲，职业生涯管理就是组织帮助员工制订职业生涯规划，建立各种适合员工发展的职业通道，针对员工职业发展的需求进行适时的培训，给予员工必要的职业指导，以促使员工职业生涯的成功。

二、职业生涯管理的理论支撑

（一）职业选择理论

1. 霍兰德的职业性向理论

美国职业指导专家约翰·霍兰德（J. Holland）在研究中发现，不同的人具有不同的人格特征，不同的人格特征适合从事不同的职业。由此他指出人格（包括价值观、动机和需要等）是决定一个人选择何种职业的另外一个重要因素，并提出了著名的职业性向理论，指出决定个人选择职业的六种基本的"人格性向"，即现实型、调研型、社会型、常规型、企业型、艺术型六种。

（1）现实型（R）。这种类型的人一般具有机械方面的能力，乐于从事半技术性的或手工性的职业，他们更愿意去从事那些包含体力活动并且需要一定的技巧、力量和协调性才能完成的工作。现实型的人适应从事农场主、运动员、装配工人等职业。

（2）调研型（I）。这一类型的人为了知识的开发与理解而乐于从事现象的观察与分析工作。这些人思维复杂，有创见、有主见，但无纪律性，不切实际，易于冲动。具有这种性向的人会被吸引从事那些包含较多认知活动的职业，如生物学家、社会学家、大学教授。

（3）社会型（S）。具有这种性向的人喜欢为他人提供信息，帮助他人，喜欢在秩序井然、制度化的工作环境中发展人际关系和工作，其个性中较消极的一面是独断专行，爱操纵别人。社会型的人适于有诊所的心理医生、外交工作者等包含大量人际交往活动的职业。

（4）常规型（C）。具有这种性向的人会被吸引从事那些包含大量结构性和规则性的职业，他们喜欢和数据型及数字型的事实打交道，喜欢明确的目标，不能接受模棱两可的状态。这种个性类型的人最适于从事事务性的职业，如会计、出纳员、银行职员。

（5）企业型（E）。这种类型的人与社会型的人相似之处在于他（她）也喜欢与人合作。其主要的区别是企业型的人喜欢领导和控制他人，其目的是实现特定的组织目标。具有这种性向的人会被吸引从事那些包含大量以影响他人为目的的语言活动的职业，如管理人员、律师。

（6）艺术型（A）。这种类型与传统型形成最强烈的反差。他们喜欢选择音乐、艺术、文学、戏剧等方面的职业，这类人是感情极丰富但无组织纪律的。具有这种性向的人会被吸引从事那些包含大量自我表现、艺术创造、情感表达和个性化的职业，如艺术家、广告创意人员。

实际上，每个人不是只具有一种职业性向，而是可能为几种职业性向的混合。霍兰德认为，这几种性向越相似，则一个人在选择职业时面临的内在冲突和犹豫就越少。霍兰德用一个六角形来表示各种性向的相似性。在六边形中，越接近的两种人格，相关性越强。当个体无法找到与自己人格类型完全匹配的工作，但是找到与自己人格类型比较接近的人格类型适合的工作时，个体适应的可能性会比较大。而如果个体找到的工作是与自己的人格类型相反的人格类型适合的工作，则个体适应的可能性会比较小。

2. 沙因的职业锚理论

职业锚理论（Career Anchor Theory）是由职业生涯规划领域具有"教父"级地位的美国麻省理工学院斯隆管理学院教授、哈佛大学社会心理学博士埃德加·沙因（Edgar H. Schein）最早在《职业锚：发现你的真正价值》（*Career anchors：Discovering your real values*）中提出来的。沙因教授通过面谈、跟踪调查、公司调查、人才测评、问卷等多种方式对斯隆管理学院的 44 名 MBA 毕业生进行了 12 年的职业生涯研究，经过分析总结，提出了职业锚理论。

所谓职业锚是职业生涯主线或主导价值取向，也就是当一个人不得不做出选择的时候，无论如何都不会放弃的原则性的东西，是人们职业选择和发展所围绕的中心。职业锚是个人经过持续不断探索确定的长期职业定位。一个人的职业锚由三个部分组成：自己认识到的才干和能力、自我动机和需要、态度和价值观。

沙因将职业锚分为八类，分别是技术/职能型职业锚、管理型职业锚、自主/独立型职业锚、安全/稳定型职业锚、创造/创业型职业锚、服务/奉献型职业锚、挑战型职业锚、生活型职业锚。

（1）技术/职能型职业锚

拥有技术/职能型职业锚的人希望过着"专家式"的生活。他们工作的动机来自有机会实践自己的技术才能，并乐于享受作为某方面专家带来的满足感。拥有这种职业锚的人从事的是在某一个专门领域中富有一定挑战性的工作。在薪酬补贴方面，这类人更看重外在平等，他们希望组织能够按照受教育背景和工作经验确定技术等级并得到相应报酬，他的同行中具有同等技术水平者的收入是他们的参照系。他们惧怕公司提供给他们类似于股票收益的"金手铐"，因为金手铐意味着他们很可能陷入一份缺乏挑战的工作。在晋升方面，这类人更看重技术或专业水平，而不是职位的晋升。对他们，往往不需要用等级晋升来激励，而应该考虑通过加大工作范围，给予更多的资源和更大的责任，更多的经费、技术、下属等支持，或通过委员会和专家组等方式参与高层决策。对他们的认可有三种：一是他们看中的是同行专业人士的认可，而不是管理者的表扬，在他们眼里，管理者不可能真正理解他们的工作价值，甚至来自了解工作过程和工作成果的下属的认可，都会比管理者的认可让他们更为欣慰；二是获得专业领域继续学习和发展的机会，他们惧怕落伍，接受培训的机会、组织赞助的休假、鼓励参加专业性会议、提供购买资料和设备的经费等方式，对他们而言都是非常有价值的认可；三是作为专家被接纳为其他团体和组织的成员，以及来自社会的或者专业团体的奖励，都是他们喜欢的认可方式。

（2）管理型职业锚

拥有管理型职业锚的人具有成为管理人员的强烈愿望，并将此看成职业进步的标准。他们把专业看作陷阱，当然，这不等于他们不明白掌握专业领域知识的必要性，不过，他们更认可组织领导的重要性，掌握专业技术不过是通向管理岗位的阶梯。与专家职业锚相比，管理职业锚更喜欢不确定性的挑战，而专家职业锚要千方百计地消除不确定性。他们从事的是综合性的领导工作，对组织成功越重要的工作，对他们越有吸引力。这种人对薪酬补贴的态度不同于技术/职能型职业锚的人，他们倾向于纵向比较，只要他们的工资在整个组织中比他们的下属高，他们就满足了，他们不会横向比较同行的工作。股票期权等代表所有者和股东权益的奖励方式对他们来说非常具有吸引力。他们的工作晋升基于个人的贡献、可量化的绩效和工作成就，他们认为达到目标的能力才是关键的晋升标准。对他们来说，最好的认可方式是提升到具有更大管理责任的职位上。他们希望得到上级主管的认可，同样，金钱形式的认可对他们来说也是重要的，他们喜欢加薪、奖励、股票期权，喜欢头衔和地位象征物（大办公室、象征地位的小车、某种特权等）。

（3）自主/独立型职业锚

自主/独立型职业锚的人追求自主和独立，不愿意接受别人的约束，也不愿意受程序、工作时间、着装方式以及在任何组织中都不可避免的标准规范的制约。即使面对职业选择时，他们也会为了保住自主权而权衡工作的利弊。他们注重培养自力更生、对自己高度负责的态度。他们倾向于专业领域内职责描述清晰、时间明确的工作。他们可以接受组织强加的目标，但希望独立完成工作。如果他们热爱商业，多会选择不受公司约束的咨询服务和培训工作；即便在公司里，他们也会倾向于选择独立性较强的部门或者岗位。他们最明显的特点是，不能忍受别人的指指点点，也不愿接受规范性约束。这种人喜欢的薪酬补贴方式是便捷的自选式收益，不在乎与别人的比较，倾向于接受基于工作绩效并能即时付清的工资和奖金。他们期望的工作晋升是那种能够获得更多自主的方式，任命他们更高职务而减少自主权，反而会让他们感到窝火或者憋气。对他们的认可方式是直接的表扬或认可，勋章、证书、推荐信、奖品等奖励方式比晋升、加衔、金钱更有吸引力。

（4）安全/稳定型职业锚

这种类型的人选择职业最基本、最重要的需求是安全与稳定。通常，只要有条件，他们就会选择提供终身雇用、从不辞退员工、有良好退休金计划和福利体系、看上去强大可靠的公司，希望自己的职业跟随组织的发展而发展，只要获得了安全感，他们就会有满足感。相比工作本身，他们更看重工作内容。他们愿意从事安全、稳定、可预见的工作。所以，政府机关和类似单位以及能够提供终身职务的大学是他们的首选。这种人适合直接加薪、改善收益状况的激励方式。对于薪酬补贴，只要按部就班、有基于工作年限、可预见的稳定增长就可以。他们喜欢基于过去资历的晋升方式，乐于见到明确晋升周期的公开等级系统。他们希望组织能够认可他们的忠诚，而且相信忠诚可以给组织带来绩效。

（5）创造/创业型职业锚

对于创造/创业型职业锚的人来说，最重要的是建立或设计某种完全属于自己的东西。他们有强烈的冲动向别人证明这一点，这种人通过自己的努力创建新的企业、产品或服务，以企业或者产品打上自己的名号而自豪。当在经济上获得成功后，赚钱便成为他们衡量成功的标准。这种类型就是从萨伊到熊彼特再到明茨伯格所说的企业家角色。自主/独立型职业锚的人也会发展自己的生意，也要创业，但是他们发展自己的生意是源于表现和扩大自主性的需要，而创造型职业锚的人在创业的初期，会毫不犹豫地牺牲自己的自由和稳定以达到生意的成功。他们的工作类型在于不断地接受新挑战，不断创新。他们着迷于实现创造的需求，容易对过去的事情感到厌烦。在薪酬补贴方面，他们看中的是所有权，通常他们并不为自己支付很多工资，但是他们会控制自己公司的股票，如果他们开发出新产品，他们会希望拥有专利权。对于工作晋升，他们希望职业能够允许他们去做自己想做的事，有一定的权力和自由去扮演满足自己不断进行创新变化需求的任何角色。创造财富、创建企业、开发事业，就是对他们的认可方式。他们积累财富，只是用来向他人展示和证明自己的成功。

（6）服务/奉献型职业锚

服务/奉献型职业锚的人希望能够体现个人价值观，他们关注工作带来的价值，而不在意是否能发挥自己的能力。他们希望能够以自己的价值观影响雇用他们的组织或社会，只要显示出世界因为他们的努力而更美好，就实现了他们的价值。这种人的供职机构既有志愿者组织和各种公共组织，也有顾客导向的企业组织。至于薪酬补贴，他们希望得到基于贡献的、公平的、方式简单的薪酬。钱并不是他们追求的根本。对于他们，晋升和激励不在于钱，而在于认可他们的贡献，给他们更多的权力和自由来体现自己的价值。他们需要得到来自同事以及上司的认可和支持，并与他们共享自己的核心价值。

（7）挑战型职业锚

这类人认为他们可以征服任何事情或任何人，在他们眼里，成功就是"克服不可能超越的障碍，解决不可能解决的问题，战胜更为强硬的对手"。所谓"更高、更快、更强"，最对这种人的胃口。他们的挑战领域不局限于某一方面，而是所有可以挑战的领域。前面各种类型的职业锚也存在挑战，但那种挑战是有领域有边界的。而挑战型职业锚是不断挑战自我，呼唤自己去解决一个比一个困难的任务。对于他们来说，挑战自我、超越自我的机会比工作领域、受雇用的公司、薪酬体系、晋升体系、认可方式都重要。如果他们缺乏挑战机会，就失去了工作的动力。这种人会看不起与他价值观不同的人，并不断给阻碍他挑战的人制造麻烦。这种人为竞争而生，没有竞争的世界会使他们失望。

（8）生活型职业锚

这类人似乎没有职业锚，他们不追求事业的成功，而是需要寻求合适的方式整合职业的需要、家庭的需要和个人的需要。所以，他们最看重弹性和灵活性。他们会为了工作的弹性和灵活性选择职业，这些选择包括在家庭条件允许的情况下出差，在生活需要的时候非全职工作、在家办公等。

沙因认为，他概括出的这八种职业锚已经可以涵盖绝大部分人的事业追求。一个人只能拥有一种职业锚。个人的内心渴望和追求可能是多种多样的，但总会有一个才能、动机和价值观的组合排序，职业锚就处于这种组合排序中最优先的位置。如果一个人的职业锚不清晰，只能说是由于他不具备足够的社会生活经验来判断他最需要什么。必须注意的是，人的工作职业、岗位可以多次变化转换，但是，职业锚是稳定不变的，这由沙因的调查资料可以证实。由于组织职位设计的原因，相当多的人从事的职业很难与职业锚实现完全匹配，这时，个人的潜能就难以充分发挥。不匹配的程度越高，个人能力发挥的余地就越小，工作中得到的愉悦就越少，这不等于个人不努力，恰恰相反，他有可能付出了更大的努力。

在现代社会，个人与组织的发展并不矛盾，作为个人，需要不断地进行自我探索，确认自己的职业锚，并将自己的认识与组织进行沟通。尽管实现职业锚与职业匹配的责任在组织，但别指望组织能充分了解个人的内心隐秘。作为组织，需要建立起灵活的职业发展路径，多样化的激励体系和薪酬体系，以满足同一工作领域中不同职业锚的需求。组织管理者也要清楚，即便是同一性质的岗位，可能会有不同的职业锚停泊。例如，同样是产品研发岗位，可能会有技术型、管理型、创造型、挑战型等职业锚的完全匹配。单个企业，由于业务、规模、技术等限制，不可能实现职业锚的完全匹配，这就需要政府和公共组织充当减压阀和缓冲器，提供寻找更好匹配的通道。职业锚的本质，是实现个人与组织的相得益彰，化解个人与组织的冲突，把实现组织目标和自我实现融为一体。

（二）职业发展理论

1. 萨帕的职业生涯阶段理论

唐纳德·萨帕（Donakl Super）是美国职业生涯研究领域的一位里程碑式的大师，他提出了职业发展理论，这一理论得到大多数职业生涯研究学者的认可，成为职业生涯研究领域的重要理论。他的职业发展理论是围绕着职业生涯不同时期而进行的，萨帕将职业发展时期分为五个不同的阶段。

（1）成长阶段（0~14 岁）

成长阶段属于认知阶段，个人在这一阶段，自我概念发展成熟起来。初期时，个人欲望和空想起支配作用，其后对社会现实产生注意和兴趣，个人的能力与趣味则是次要的。成长阶段又可分为空想期、兴趣期和能力期三个小的阶段。空想期主要是儿童时期，这时职业的概念尚未形成，对于职业只是根据周围人的职业情况和一些故事中的人物，空想将来要做某某职业；兴趣期主要是小学阶段，对于职业主要依据个人的兴趣，并不考虑自身的能力和社会的需要，带有理想主义色彩；能力期主要是进入了初中阶段，对于职业不仅仅从兴趣出发，同时注意到能力在职业生涯中的重要性，开始注重培养自己某方面的能力，以便为将来的职业做准备。

（2）探索阶段（15~24 岁）

探索阶段属于学习打基础阶段，个人在学校生活与闲暇活动中研究自我，并进行职业上的探索，对自己的能力和天资进行现实性评价，并根据未来职业选择做出相应的教育决策，完成择业及最初就业。探索阶段是人生道路上非常重要的转变时期，它可以分为试验期、过渡期和试行期。试验期从 15 岁至 17 岁，这一时期个人在空想、议论和学业中开始全面考虑欲望、兴趣、能力、价值观、雇佣机会等，做出暂时性的选择；过渡期从 18 岁到 21 岁，这是个人接受专门教育训练和进入劳动力市场开始正式选择的时期，这时个人着重考虑现实，在现实和环境中寻求"自我"的实现；试行期从 22 岁到 24 岁，这个时期进入似乎适合自己的职业，并想把它当作终生职业。

（3）确立阶段（25~44 岁）

确立阶段属于选择和安置阶段，进入职业以后的人发现真正适合于自己的领域，并努力试图使其成为自己的永久职业并谋求发展，这一阶段一般是大多数人职业生涯周期的核心部分。这一阶段又可分为尝试期和稳定期。尝试期是确立阶段的初期，有些人在岗位上试验，若不合适就改为其他职业。目前很多大学生刚工作就不断地跳槽，就是他们在不断地尝试寻找自己的最合适的职业；稳定期是经过工作岗位上的试验，人们最终找到适合自己的岗位，以后人们就在某种职业岗位上稳定下来，致力于实现职业目标，是富有创造性的时期。

（4）维持阶段（45~64 岁）

维持阶段属于升迁阶段。在这一阶段个体长时间在某一职业工作，在该领域已有一席之地，一般达到常言所说的"功成名就"的境地，已不再考虑变换职业，只力求保住这一位置，维持已取得的成就和社会地位，重点是维持家庭和工作的和谐关系，传承工作经验，寻求接替人选。

（5）衰退阶段（65 岁以上）

衰退阶段属于退休阶段。由于健康状况和工作能力逐步衰退，即将退出工作领域结束职业生涯。因此，这一阶段要学会接受权力和责任的减少，学习接受一种新的角色，适应退休后的生活，以减缓身心的衰退，维持生命力。

萨柏以年龄为依据，对职业生涯阶段进行了划分，但现实中职业生涯是个持续的过程，各阶段的时间并没有明确的界限，其经历时间的长短常因个人条件的差异及外在环境的不同而有所不同，有长有短、有快有慢，有时还可能出现反复。

2. 施恩的职业生涯阶段理论

美国著名的心理学家和职业管理学家施恩教授，根据人生命周期的特点及其在不同年龄阶段面临的问题和职业工作主要任务，将职业生涯分为九个阶段（表4-1）①。

表4-1　施恩职业生涯九阶段理论

阶段	角色	主要任务
成长和幻想探索阶段（0~21岁）	学生职业工作者的候选人和申请者	1. 发展和发现自己的需要、兴趣、能力和才干，为进行实际的职业选择打好基础； 2. 学习职业方面的知识，寻找现实的角色模式，获取丰富信息，发展和发现自己的价值观、动机和抱负，做出合理的受教育决策，将幼年的职业幻想变为可操作的现实； 3. 接受教育和培训，开发工作领域中所需要的基本习惯和技能。
进入工作世界（16~25岁）	应聘者新学员	1. 进入职业生涯，学会寻找、评估、申请选择一项工作； 2. 个人和雇主之间达成正式可行的契约，个人成为一个组织或一种职业的成员。
基础培训（16~25岁）	实习生新手	1. 了解、熟悉组织，接受组织文化，融入工作群体，学会与人相处； 2. 适应日常的操作程序，承担工作，尽快取得组织成员资格。

① 吕菊芳：《人力资源管理》，武汉大学出版社 2018 年版，第206-207 页。

阶段	角色	主要任务
早期职业的正式成员资格（17～30岁）	取得组织正式成员资格	1. 承担责任，成功地完成工作分配有关的任务； 2. 发展和展示自己的技能和专长，为提升或进入其他领域的横向职业成长打基础； 3. 根据自身才干和价值观，根据组织中的机会和约束，重估当初追求的职业，决定是否留在这个组织或职业中，或者在自己的需要、组织约束和机会之间寻找一种更好的平衡。
职业中期（25岁以上）	正式成员终生成员管理者	1. 选定一项专业或进入管理部门； 2. 保持技术竞争力，在自己选择的专业或管理领域内继续学习，力争成为一名专家或职业能手； 3. 承担较大责任，确立自己的地位，开发个人的长期职业计划。
职业中期危险阶段（35~45岁）	正式成员终生成员管理者	1. 现实地评估自己的进步、职业抱负及个人前途； 2. 就接受现状或者争取看得见的前途做出具体选择； 3. 建立与他人的良好关系。
职业后期（40岁到退休）	骨干成员管理者贡献者	1. 成为一名良师，学会发挥影响，指导、指挥别人，对他人承担责任； 2. 扩大、发展、深化技能，提高才干，以担负更大范围、更重大的责任； 3. 职业生涯如果停滞，则要接受和正视自己影响力和挑战能力的下降。
衰退和离职阶段（40岁到退休）		1. 学会接受权力、责任、地位的下降； 2. 面对竞争力和进取心下降，要学会接受和发展新的角色； 3. 评估自己的职业生涯，着手退休。
退休		1. 保持一种认同感，适应角色、生活方式和生活标准的急剧变化； 2. 保持一种自我价值观，运用自己积累的经验和智慧，以各种资源角色，对他人进行传帮带。

需要指出的是，施恩虽然基本依照年龄增大顺序划分职业发展阶段，但并未囿于此，其阶段划分更多地根据职业状态、任务、职业行为的重要性。正如施恩教授划分职业周期阶段是依据职业状态和职业行为和发展过程的重要性，又因为每人经历某一职业阶段的年龄有别，所以，他只给出了大致的年龄跨度，因为在职业阶段上所示的年龄有交叉。

三、职业生涯发展的阶梯规划

职业生涯发展阶梯是组织内部员工职业晋升和职业发展的路径。组织必须有完善的职业生涯发展阶梯方案，以便对组织的职业发展阶梯进行很好的管理。所谓职业发展阶梯规划是组织为内部员工设计的成长、晋升管理方案，主要涉及职业生涯发展阶梯结构、职业生涯阶梯模式和设置等几部分内容。

（一）职业生涯发展阶梯的结构分析

职业生涯发展阶梯的结构可以从以下三个方面来考察。

一是职业生涯阶梯的宽度。职业生涯阶梯的宽度是员工可以晋升的部门或职位的范围。根据组织的类型和工作的类型，职业生涯阶梯的宽度会有不同。宽阶梯的工作对员工的综合能力和综合素质要求较高；而窄阶梯的工作对员工的专业技能和专业经验的要求较高，一般纯技术类岗位的宽度相对于管理类岗位的晋升宽度而言略窄。

二是职业生涯阶梯的速度。职业生涯阶梯的速度是员工晋升时间的长短，它决定了员工晋升的快慢。根据员工能力和业绩的不同，也会有快慢的区别，但不管是正常晋升还是破格提升，都应该有政策依据。

三是职业生涯阶梯的高度。职业生涯阶梯的高度是员工晋升所需时间的长短，它决定了员工在组织中可能晋升的高度，对于员工的发展和潜能的发挥有重要影响。

科学、清晰的职业生涯阶梯设置可以满足员工长期职业生涯发展的需求，也能够满足组织高层次工作清晰化、专业化的需求。另外，有明确的职业生涯阶梯设置，对于优秀的员工来说也是一种吸引力，因为他们有比较明确的职业发展通道和清晰的晋升感。

（二）职业生涯阶梯的模式

职业生涯阶梯模式是组织为员工提供的职业发展路径和发展通道，是员工在组织中从一个特定职位到下一个特定职位发展的一条路径，它直接决定了员工的职业发展方向。目前常见的职业生涯阶梯模式有传统模式、横向模式、网状模式和双重模式。

1. 职业生涯阶梯的传统模式

传统模式是单纯纵向的发展模式，这种模式将员工的发展限制在一个职能部门或一个单位内，通常由员工在组织中的工作年限决定员工职业地位。我国的公务员职称序列就是这样一种职业生涯阶梯模式。该模式最大的优点是清晰、明确，员工知道自己未来的发展方向。但它的缺陷在于过于单一，激励性不大，很多单位中员工只要熬年头就可以晋升。另外，它基于组织对过去员工的需求而设计，而没有考虑环境、战略等的变化。

2. 职业生涯阶梯的横向模式

横向模式是指员工可以向其他职能领域调动、轮岗，横向模式可能短时期看来并没有职位上的上升，但是它使员工迎接新的挑战，可以拓宽员工的发展机会，尤其对处于职业中期的员工来说，这是一条行之有效的职业发展路径。

3. 职业生涯阶梯的网状模式

网状模式是纵向模式和横向模式相结合的交叉模式。这一模式承认在某些层次上的工作经验具有可替换性，而且比较重视员工的综合素质和能力。这种模式相比前两种模式拓宽了职业发展路径，减少了职业路径堵塞的可能性。但是对于员工来说，可能会有职业发展不清晰的感觉。

4. 职业生涯阶梯的双重模式

目前在组织中使用最多的还是双重发展模式，这种模式存在两种职业生涯路线：管理路线和技术路线。沿着管理路线发展，员工可以晋升到比较高层的管理职位，而对于某些不愿意从事管理工作，但技术突出的员工，则可以走技术路线，公司可以根据员工在技术上的水平和对公司的贡献，而在薪酬和职位名称上给予奖励，如专家称号之类。两个路线同一等级的管理人员和技术人员在地位上是平等的。

（三）职业生涯阶梯的设计

组织职业生涯阶梯规划关系着组织内部每位员工的切身利益，对于组织来说，具有牵一发而动全身的作用，所以如何更好地设计组织职业生涯阶梯已成为当前人力资源管理的一项重要工作。在设计职业生涯阶梯的时候需要注意以下几个方面。

第一，以职业锚为依据设置职业生涯阶梯。根据职业锚理论，一共存在八种职业锚类型，组织可以对内部员工的工作类型进行分类，设计适合本组织的多重职业发展通道，不同职业通道的层级之间在报酬、地位、称谓等方面具有某种对应关系，这样就可以让每位员工都能找到适合自己的职业通道。

第二，职业生涯阶梯的设置应该与组织的考评、晋升激励制度紧密结合。员工的行政、技术级别应能上能下，连续考评不合格者应该降级处理。技术等级应严格与薪酬挂钩，包括组织内部的各项福利甚至股权。另外，对于技术岗位上的晋升要严格考查，以避免出现"彼得高地"，即技术水平高的员工晋升到管理岗位后并不能胜任的情况。

第三，职业生涯阶梯应该与组织的情况相适应。关于职业生涯阶梯的宽度、高度和速度，企业都应该依据自身的情况制定一整套的规章制度。如销售类企业，应重视对员工业绩的肯定，所以在阶梯的宽度、高度和速度上都可以侧重于业绩和能力；而高科技类公司则应该注重技术能力、创新能力。

四、不同阶段的职业生涯管理

每个人的职业生涯历程都可以划分为不同的阶段，与此类似，员工在组织中的工作历程也可以划分为不同的阶段，每个阶段都有一些共同特点。企业可以依据这些特点，对员工进行分阶段的职业生涯管理。我们可以将一位员工在组织中的历程分为初进组织阶段、职业生涯初期、职业生涯中期、职业生涯后期。

（一）初进组织阶段

员工新加入一个组织，在各方面都处于不适应的阶段。这个时期，新员工会经过三个阶段来完成社会化的过程，即前期社会化、碰撞、改变与习得。

前期社会化阶段，新员工会根据在招聘录用时所得到的信息以及其他各种工作、组织有关的消息来源收集信息，在这些信息的基础上，初步形成自己的期望和判断。员工与企业之间的心理契约也从这个时候开始建立。碰撞阶段，员工会发现自己的期望和现实之间存在一定的差距，对任务角色、人际关系等都处于试探和适应的阶段。如果之前的期望过高，现在得不到满足，新员工甚至可能产生离职的想法。如果能坚持下来，那么在改变与习得阶段，新员工逐渐开始掌握工作要求，慢慢适应新的环境和同事关系，一切开始步入正轨。

针对新员工在这个时期会出现的一系列想法、感受，从组织的角度，可以采取一些策略帮助员工更好、更快地融入组织。①帮助新员工准确认识自己，制订初步的职业生涯发展规划。②提供系统的入职培训。入职培训主要包括两方面的内容，对未来工作的介绍和对企业文化和规章制度的宣传，通过入职培训让新员工尽快熟悉企业、适应环境和形势，减少碰撞所带来的负面影响。③为新员工提供职业咨询和帮助。公司可以为每位新员工配备一名有经验的老员工做导师，向新员工提供指导、训练、忠告等，指导新员工更快地了解组织，以便更好地工作。帮助员工寻找早期职业困境产生的原因及解决办法。早期职业困境的主要原因可能是早期期望过高、工作比较枯燥、人际关系不够融洽等，公司可以针对这些原因做出改善：为员工提供真实工作预览，以消除不现实的期望；工作扩大化、工作丰富化以增加工作的挑战性；帮助员工改善人际沟通的技能等。

（二）职业生涯初期

在成功度过早期的碰撞，适应公司的文化和工作任务之后，员工便进入了职业生涯初期。在这个阶段，员工更关注自己在组织中的成长、发展和晋升，他们开始慢慢寻求更大的职责与权力，设定他们的职业目标，调整自己的职业生涯规划，渴望在职场中获得成功。针对这一情况，公司应准确把握员工这个时期的特点，为他们提供培训机会，帮助调整并实现员工的职业生涯规划，关注他们的发展意愿和发展方向，适时提供机会和平台促成员工的成长。

具体来说，企业应该：①建立员工职业档案，详细掌握员工学历、培训经验、工作经历、工作成果、绩效评价信息、他人反馈信息、未来发展目标等各种与员工职业发展有关的信息；②建立主管和员工的适时沟通制度或员工的个人申报制度，通过沟通制度或员工的自行申报，了解员工的工作心情和感受、对担任职务的希望、对公司的要求、未来的发展意愿等，避免公司为员工制订的职业发展规划与员工意愿相左的情况出现。

（三）职业生涯中期

在这一时期，员工经过前两个阶段的发展和适应，已经逐步明确了自己在组织中的职业目标。确定对企业的长期贡献区，积累了丰富的工作经验，开始走向职业发展的顶峰。但与此同时，也会意识到职业机会会随着年龄的增长而受到限制，产生职业危机感；同时家庭负担也会在这一阶段凸显出来，如何平衡工作家庭也成为这个阶段员工面临的一项新挑战。

针对这些情况，组织上可以：①用满足员工心理成就感的方式来代替晋升实现激励效果，在员工无法继续在职位上得到晋升的情况下，组织可以利用其他方式激励员工的成就感，如提供培训机会、表彰成绩、物质奖励等；②安排员工进行职业轮换，当员工在纵向的职业发展上遇到瓶颈时，可以适当拓展员工发展领域，从事其他职能领域的工作，能够帮助员工找到工作兴趣和新的发展机会；③扩大现有的工作内容，在员工现有的工作中增加更多的挑战性项目或是更多的责任，如让员工适当承担团队管理职责等；④为员工提供接受正规教育的机会，步入稳定期的员工很可能在职业发展上也面临瓶颈，这时企业可以为员工提供一系列的培训与开发机会，如让员工在不耽误正常工作的情况下，接受正规教育。这样可以挖掘员工的潜能，提高员工的素养和能力，从而可以继续职业生涯的发展。通过这些实践，组织可以有步骤地帮助处于职业高原期的员工积极应对这种不利局面，对工作始终保持热情和兴趣，继续职业生涯的发展和上升。

（四）职业生涯后期

这个阶段是员工在组织中的最后阶段，员工开始步入退休阶段。经过前几个阶段的努力和奋斗，很多员工在职业上获得了一定的成就和地位。这个时期，大多数人对成就和发展的期望减弱，希望能够维持或保留自己目前的地位和成就。当然，也有一部分人这个时候仍然保持高昂的斗志，希望能够百尺竿头更进一步。对于大多数的前一种员工，组织这个时候应帮助他们做好退休前的各项心理和工作方面的准备，顺利实现向退休生活的过渡。针对这种情况，企业可以采取以下措施。

第一，提供心理辅导。很多员工无法接受自己即将退休的现实，在心理上会产生冲击感和失落感。企业可以适时召开座谈会，进行深入沟通交流，了解员工的想法，有针对性地做好思想工作。

第二，发挥余热，让老员工培育新员工。处于退休阶段的员工都有丰富的工作经验，而且工作强度也不会太大，这时候会有足够时间和精力来辅导、带动新员工。企业可以充分利用这一特点，为老员工安排"学徒"，让老员工指导新员工，培养接班人，既可以发挥老员工的余热，又能够帮助新员工更快适应组织。对于有特殊技能、特殊贡献、企业又缺乏的员工，调查他们的意愿，如果他们也希望继续工作，组织可以返聘，让他们继续为公司做贡献。

第三，做好退休后的计划和安排。针对大多数员工，企业应该帮助每位员工制订退休计划，尽可能使退休生活既丰富又有意义，如鼓励员工进入老年大学、发展兴趣爱好等。

第五章 服务导向人力资源管理与发展展望

第一节 服务导向人力资源管理的内容

服务导向人力资源管理的目的在于提供高质量服务，激发员工服务意识，让员工个人价值得到充分发挥。在经济社会发展背景下，服务导向人力资源管理的受重视程度不断加大，该模式能够让外部价值与内部价值实现共同发展的统一，在提升客户满意度、员工归属感等方面作用显著。相较于传统人力资源管理而言，服务导向理念下更注重服务效益，在岗位培训、人才配置、规章制度等方面均有所创新。

一、服务导向人力资源管理的界定

服务导向型人力资源管理相对应的管理模式为管理导向型。在传统人力资源管理中大多从管理者角度作为出发点，以管理为导向，强调以工作为重心。随着员工受重视程度的不断增强，知识型员工逐渐受到青睐，而传统的管理导向型管理已经无法满足知识型员工在新经济时代的各方面需求，以服务为导向的人力资源管理模式逐渐受到青睐。

管理导向与服务导向的人力资源管理在实际运用中存在较大差异。管理导向型更适合于半封闭或封闭的商品经济时代，而服务导向型更适用于高度发达的开放式知识经济时代；管理导向型以服务为辅、以管理为主，而服务导向型以管理为辅、以服务为主；传统管理导向人力资源管理中以管理为中心，将员工看作发展成本，而在服务导向模式下将员工看作资源，强调对员工潜力的开发、个性的发挥，更重视以人为本的管理观念。在管理导向模式中，管理者与员工更倾向于强制管理与被动服从的关系，员工处于被动地位，在服务导向型管理中组织与员工处于双向服务状态，能够形成良性互动，组织的各项管理可接受员工的积极参与。最后，管理导向模式下由于员工处于被动地位，地位相对更低，因此其工作积极性无法被有效激发，工作效率有待提升；而在服务导向模式下员工的责任心更强、地位更高，属于服务对象，因此工作积极性更高，工作效率更强。

二、服务导向人力资源管理的主要内容

（一）针对员工的管理内容

服务导向人力资源管理的主要特征在于将员工看作组织的主体，视其为核心位置，认识到部门和企业的价值由员工创造，因此在为员工提供服务时应强调以下几点。

一是尊重员工需求。服务导向人力资源体系须根据员工的知识结构、兴趣爱好、工作能力、个性来安排适当的工作岗位及工作内容，注重其个人能力的培养。基于组织战略目标鼓励员工个性张扬，尊重其切实需求。

二是价值分享。为员工提供富有竞争力的价值分享体系以及薪酬体系，确保员工的多元化需求得到满足。分享体系内容包含经验的分享、知识的分享、内部信息的分享，让员工能够感受到自身发展与组织发展之间的关联性，并真正参与到组织发展之中。

三是参与生活计划。为员工提供必要的服务以及援助系统，包含家庭、休闲、社交、娱乐、生活等，避免员工在工作过程中仍存在个人层面的后顾之忧，让其能够真正专注于工作并展现自身的价值。

四是增值服务。针对员工展开的人力资源增值服务主要在于为员工制订适合的发展规划以及岗位晋升空间，看到职工的潜力，根据其发展需求及自身特点与员工共同展开职业规划。同时，通过岗位轮换、开发培训等方式切实提升员工的人力资本价值，帮助员工符合晋升要求。

（二）针对组织的管理内容

人力资源部门在新经济时代下在服务导向理念背景中应成为组织的战略伙伴，为组织提供更具长远计划性的各项服务。

第一，提供决策参考性。作为人力资源部门，在新经济时代下应为组织战略提供主动服务。通过对组织内各种人力资本的组织以及对满意度、需求、激励、配置等方面的调查，让组织的战略目标更具可行性，提供必要的参考，让各项方针政策的制定提升合理度。

第二，提升战略配合性。无论是企业还是事业单位，在制订各项计划或发展规划时均应得到人力资源部门的大力支持，通过对战略的培训与宣传让每个员工、每个部门都能了解组织战略的目的以及实施计划，并树立共同的目标或愿景，统一员工的期望值。只有这样，才能够形成上下一心、共同奋进的工作状态，提升员工的凝聚力。

第三，发挥目标责任性。组织设定的各项战略目标对于人力资源部门而言，应承担一

定责任，依据组织战略让自身工作形成人力资源统一战略。通过合理组织、有效激励、政策吸引等多种方式，为战略目标的实现提供相应的人才保障，让各项措施得以落实、战略目标得以实现。

（三）针对其他部门的管理内容

职工是组织内部实现各部门工作目标以及总目标的重要资源，人力资源部门必须重视更具可行性的管理模式，为组织中的其他部门提供必要服务，让员工的效益最大限度地发挥。

第一，保障人才配置。人力资源管理的基础在于为各部门提供相应人才来保障各部门的正常运转。须根据部门的实际情况保障人才的有效输送，尤其当部门调整发展目标或制订新计划时，应及时对人才配备状况予以调整，通过适当增减以及人才筛选保障部门运转可顺利进展。

第二，落实各项培训。人力资源部门应贯彻以服务为导向的管理观念，面对组织内部其他部门的人才需求提供各项岗前培训、在岗培训、交流学习等安排。尤其当员工个人能力无法满足该部门岗位要求时，须考虑是否将员工调整岗位或安排适当的组织学习，通过合理的培训提升岗位胜任力。

第三，提供管理知识。人力资源管理在现代组织中是全体员工和管理者的责任，每个部门均以人才培养为重点，而人力资源部门则应提供适当的管理知识以帮助各部门能够对人才进行更好的安排与管理。首先，须向各部门宣传人力资源相关政策，并让各部门领导了解培训的必要性；其次，应确保各部门主动参与到人力资源管理中，对绩效评估、培训招聘、工作分析等主要业务内容共同讨论，人力资源部门则提供专业性的服务与指导，一线部门则提出自身的实践经验以及一线具体情况，通过良性互动与沟通让各部门能够对人才做到高效管理；最后，人力资源部门应对其他部门的管理展开必要协助，例如，改进业务流程、变革管理模式、评估远近期利益，从技术、知识、理念等方面提供内部咨询服务。

第二节　服务导向人力资源管理的作用机制

一、基于资源视角的作用机制

依据资源视角的实证研究，主要从人力资本和集体韧性人力资本这两个方面充分考虑中介所起到的作用。尽管集体人力资本是以工作人员个人的知识、技能和能力作为前提，但是它并不仅限于工作人员个人人力资本的简单融合。由于它们在不同层面所传递的服务导向人力资源管理对服务产出有不同程度上的影响，所以必须明确二者之间存在的区别。

（一）工作人员人力资本

工作人员人力资本具体是指工作人员所掌握的对组织有价值的知识、技能及能力。在服务背景下，工作人员只有充分地了解和掌握有关组织产品、服务和满足顾客需要的知识、技术和能力，才可以为顾客提供优质的服务。不同人力资源管理实践活动的有效实施能够全面提升工作人员的人力资本，如选取综合能力强的人员将会为后期的培训奠定良好的基础，组织提供的培训则会增强工作人员的服务技能。服务绩效奖励能够激励工作人员为顾客提供更好的服务，从而使工作人员在解决与顾客之间存在的问题时，更加具有创新性和积极性。

（二）集体性人力资本

集体人力资本被认为是除了员工个人能力之外中介服务导向，服务绩效和人力资源管理的关系将涉及到的客户知识作为服务背景下的集体性人力资本。与常规人力资本相比较而言，客户知识与服务目标之间更加具备相关性，所以对企业整体工作人员的服务绩效有着非常大的影响。服务导向的高绩效工作系统主要采用选拔和培训的方法直接提升工作人员的客户知识水平，以及以服务质量作为导向的薪酬体系的激励作用促使客户信息的获取和分享。需要注意的是，集体性人力资源的跨层次中介作用，使高绩效工作系统与个体层面的服务质量得到了有效的连接。

二、基于动机视角的作用机制

（一）心理授权

心理授权具体指的是自我激励机制，主要包含自我价值、胜任感、自我决定和重要性。尽管心理授权只是工作人员的内部激励方式，但是同样也能够被外界时间影响。例如，针对服务表现所呈现出来的绩效反馈和信息共享，可以在一定程度上可以在一定程度上促进工作人员正确认识服务任务的重要意义。服务导向的培训和决策机会可以提升工作人员在提供服务过程中的胜任力。虽然心理授权与服务导向高绩效系统不存在任何联系，但是服务导向的高绩效工作系统则能够通过企业内部工作人员授权氛围对工作人员的心理授权产生影响。

（二）组织支持感

组织支持感是指工作人员所在的组织重视其贡献、关心其幸福感，从而使其所产生的一种信念。工作人员的组织支持感主要是源自组织通过人力资源管理实践对工作人员的投资，如组织所提供的培训和开发、组织的认可和晋升机会等。依据动机理论和社会交换理论，工作人员在得到组织的认可和支持后，便会做出有利于组织的行为。基于此，研究者明确指出并证实了工作人员的组织支持感，会使服务导向人力资源管理时间与服务绩效之间得到更好的衔接。

（三）服务导向

服务导向是工作人员个体是否愿意通过承担相应的责任、文明沟通和满足顾客需求来提升优质化服务的倾向。只有在工作人员愿意合理使用自身所掌握的知识与技能，顾客才能够感受到源自高品质的服务。

第三节　服务导向人力资源管理的发展展望

一、树立以服务为导向的管理理念

人力资源管理必须树立以服务为导向的管理理念，首先，在日常过程中注重上下级之间的有效沟通，这是服务为导向理念传递与渗透的重要渠道。领导与员工之间的交流应突出平等性、公开性、公平性，强调有效交流而非仅浮于表面；必须全方位渗透服务理念，通过有效的沟通让员工感到自身价值得以发挥，自己处于被需求的位置，从而让员工逐渐掌握以服务为导向的相关观念，在日常工作中更重视工作效率，将自身发展与部门发展融为一体。这样一来，不仅人力资源管理能进一步得到发展，员工自身也可更有效地实现个人价值。其次，在日常工作中应逐渐渗透服务导向理念，在该理念支持下，人力资源管理部门须在管理模式上不断创新、不断探索，符合新经济时代人才管理需求，向员工传输服务意识，从而逐步打造服务体系，让以服务为导向的观念由上至下地渗透。

二、全面贯彻"以人为本"的观念

企业在日常运营过程中，必须全面贯彻"以人为本"的观念，对人才管理模式不断创新，做到与时俱进，并实时关注工作人员的工作动态，保障工作人员的合法权益，提升工作人员工作的幸福指数，从而使工作人员积极主动参与到企业的发展服务中，不断扩大企业的人才团队，为建立和谐劳动关系奠定良好的基础。"以人为本"的策略有效实施对提高工作人员的综合素质有着非常重要的作用。与此同时，定期为工作人员做好培训工作，以提升工作人员的专业技能，管理者的实践能力。此外，系统化的学习能够帮助其构建完善的知识体系，提升专业知识和技能的掌握程度，丰富自身经验并减少不可避免的事件发生，保证工作人员的切身权益，让"以人为本"的理念始终贯穿企业的发展。

三、积极改善各项培训方式

相较于传统人力资源管理而言，以服务为导向的人力资源管理须更重视员工的个人实际需求以及其晋升空间道路上的技能需求，因此，在培训中切不可采用"一刀切"的模式，应更重视员工个人的工作能力、工作经验、家庭条件、年龄等多种因素，提供更具个性化的培训方案。在培训内容制定层面，首先应了解员工对个人职位的上升空间期望程度以及对培训内容的期望方向，在以往以理论为主的培训体系中渗透工作能力、工作态度、服务能力等多方面内容，让培训内容不断改进与创新，这是人力资源得以优化与合理配置的重要举措。同时，各项培训应以人为本并将此作为基本原则，在培训模式与内容上多倾听员工的意见与建议，改变以往效率较低的讲座式培训，增添让员工提升参与度的培训方法，提升培训质量。总之，在培训方式方面，以服务为导向的观念下应注重培训的互动性、交流性、高质量性，真正让培训成为人力资源管理的一把利剑。

四、健全绩效考核制度，强化评估工作

绩效考核体系由于存在不完善的情况，导致大部分考核工作在实际开展过程中，都存在非常大的盲区，严重阻碍了绩效考核制度在人力资源管理中所发挥的关键作用。绩效考核模式的推行，主要是通过对企业各个单位部门日常的成果实行考核，以达到逐级管理方式，周边绩效指标与工作人员考核制度密切相关，主要涵盖的有：工作人员工作的积极性和热情、个人品格和团队之间的合作及精神层面上的考核。

对于考核周期可以根据公司实际情况而定，同时还能够按照以半年或者是一年作为周期实行考核，为实现人力资源管理的最佳效果提供有力支持。在企业人力资源管理的整个体系中，工作人员与高层之间主要是互相监督的模式，而绩效考核的评估工作则是通过对普通职员的工作成果实行评估来发现企业在运营中存在的不足，进而及时地纠正和逐渐完善。企业的领导者必须以身作则，与工作人员打成一片，听取群众反馈的意见，并根据绩效考核的结果，给予工作人员适当的奖励，鼓励工作人员与领导一起为企业出谋划策，共同成长和奋斗。同样，工作人员也可以及时向管理层提出自身的意见，共同探讨公司发展

和走向，以及监督管理层的行为，并参与到评估工作中，选取最佳的管理人员，为公司得到更好及长远性的发展打下坚实的基础。

五、合理配置人才结构

对组织内部人才结构进行合理配置是人力资源部门工作的重要内容，是提升人力资源整体服务能力的重要方式。在服务为导向思想下，人才结构的合理配置需要从以下两个方面展开。

首先，在人员配置时除了确保员工自身的工作能力、工作经验、工作态度符合岗位需求外，还应适当了解员工个人对职业的发展规划、个人晋升的期待值等，在此基础上对相关岗位加以适当调整，让人才能够得到更高效率的利用，并让其在工作过程中看到自身的晋升期望以及不足之处，这样才可以起到有效的管理与督促作用。

其次，单位领导应对当前人力资源管理模式有效了解，包含每个部门的岗位职责、人员配置情况等，针对不同岗位匹配适合的员工，并根据阶段性调查了解匹配符合程度，尽可能做到人尽其才。根据员工的个人优势与自身特点对其岗位加以调整，这才是促使人员配置合理化的关键。简单来说，在以服务为导向理念下，人才结构的配置应更强调员工个人的工作能力、工作期望、职位晋升等因素，真正让员工的价值得以发挥，并为其创造发挥更大价值的工作空间。

综上所述，在服务导向理念下人力资源管理必将更符合时代发展与人才战略相关需求，将传统管理导向型的体系加以改善，充分尊重员工的个人价值以及所处地位，通过创新管理改革当前的人力资源制度建设、培训方式、人员配置等，促使人力资源得到更优发展。

第六章　人力资源管理服务多元化及推进建议

第一节　人力资源管理中的信息服务

当前是典型的信息化时代，各行业纷纷致力于推进信息化建设，企业在运营和发展中，加强人力资源信息化管理不仅有助于提高人力资源管理效率与质量，也能够增强企业竞争优势。所以，有必要深入探讨在新时代发展环境下，企业在人力资源管理过程中如何提高信息服务水平。

一、人力资源管理的趋势分析

（一）增加人力资源管理战略与信息工具

传统的人事管理注重人工成本，以"胡萝卜+大棒"的奖惩作为管理主要手段，不能调动和发挥人才的积极性和创造性，也无法适应新时代发展需求。企业战略的定位与调整直接决定了企业在运营和发展过程中应尽快构建与之相匹配的战略人力资源管理体系。从战略、组织、文化和人才四方面构建全面高效的人力资源管理系统。如果企业制定并实施增长型企业战略，人力资源管理必须建立与之相适应的外部招聘和内部培养相结合的人才战略，通过设计具有竞争力的薪酬福利、团队系统培训学习和员工职业生涯规划等来吸引、激励和保留核心人才，通过价值链激发动机创造价值。与此同时，引入战略管理落地的 OA、ERP 等信息管理系统平台，通过集成化数据系统来推动改革落地。企业需要面向全员，根据其所在部门、所在岗位以及所负责的工作构建成熟严谨的培训机制，希望能够通过系统培训的方式全面提高员工的专业技能及专业素养等。

（二）逐渐减少无效人力资源管理制度与人工成本

一个组织的人力资源管理是否高效推动战略实现，主要取决于是否具备与战略相匹配的人力资源管理制度和人工成本。通过构建对外具有竞争性、对内具有公平性和对员工具有激励性的人才管理机制，在充分调查研究的基础上减少无效的管理制度，进行全面的流程优化，基于经营包干责任制、绩效薪金制、利润分享计划等，分期分批次减少多余的人员，实施人才管理"能者上，平者让，庸者下"的动态机制，真正实现减员增效的目的。组织内部通过富余人员的转岗、分流、派遣、外包、内退、离职、退休等方式，优化人才结构，灵活用工、节省成本，通过培训系统的实施全面提高人效。

（三）成倍地实施培训赋能及绩效激励人力资源管理

人力资源的能力体系提升是推动战略实现的必要条件。组织通过打造系统全面的培训体系给予全体员工赋能，增加员工工作所需的专业知识和操作技能。管理层基于组织战略目标，积极参与团队学习，为实现组织愿景，学思想、习文化、提技能、升觉悟。打造具备智、信、仁、勇、严的管理人才队伍，通过构建具有激励性的绩效管理机制和方案，引入先进的管理理念和方法，如 BSC 绩效工具等，通过绩效管理的 PDCA 循环实现组织绩效目标。基层一线操作类员工的计件制度推广、中层各级管理者和专业技术人员实现 OKR 和 KPI 绩效管理方法，高层管理者的股票分红的年薪制激励方案，可以成倍地开发全员的潜能，犹如乘法的基本原则，成倍地提升经营业绩，建设"诚信、合作、创新"的组织文化，全员共享组织发展成果。

（四）剔除人力资源管理的守旧文化与落后观念

企业管理水平的优劣主要在于组织人力资源管理文化和管理机制。传统和落后的人事管理主要体现在守旧文化和落后观念。改革攻坚之处在于高层率先垂范，实施文化观念的改革，打破守旧文化，摒弃贪图安逸和不思进取的工作氛围。旧有管理体制工作按照以往落后的制度和办法，缺乏创新的思维与自我学习进取的精神。组织管理者必须通过改革逐渐剔除守旧的管理文化和传统落后的工作观念，使组织管理文化焕然一新，绽放出新的生机和活力。

二、信息服务建设推进过程中存在的问题

第一，企业对人力资源信息化管理不够重视。与西方发达国家相比，我国企业人力资源管理工作开展时间比较短，目前正处于初级发展时期。我国很多企业的信息化发展意识较为薄弱，不注重对信息系统的引入和应用，导致很多部门之间沟通不畅，工作脱节，工作效率低下，人力资源管理部门就是一个典型，随着企业运营规模的不断扩大、业务活动的持续开展以及员工数量的日益增多，人力资源信息维护量与日俱增，错录、漏录的问题比较严重，若数据无法快速更新，就会造成导出的数据不正确、不全面，继而造成信息化人力资源管理系统的使用价值无法得到充分发挥。

第二，人力资源管理人员的能力不足。在我国企业内，人力资源管理人员多以中年人为主，他们比较强调企业战略目标的实现、业绩水平的提升以及综合竞争实力的提升，对

于席卷全球且能够促进企业发展的智能技术知之甚少。虽然有的企业已投入大量资金创建了人力资源管理系统，不过更多地将其视为降低人力成本的工具，并未将其和信息化建设紧密融合，造成系统的应用价值未得到充分发挥，这不仅造成企业资源浪费，也切实影响企业人力资源信息化建设水平的有效提升，所以，有必要加强对人力资源管理人员的引导，促其打破传统思维，科学合理地布设及应用人力资源管理系统。

第三，信息服务系统与人力资源管理融合度低。企业构建并应用人力资源管理系统的主要目的是全面提高人力资源管理效率与质量，全面掌握公司内部各部门、各岗位人员的基本信息、工作表现、绩效考核等信息，为企业高层进行人事安排、部署工作、划分职责等提供重要依据。我国很多企业纷纷使用各种各样的信息服务系统，强调对大量信息的自动统计与智能分析，但是鲜少和人力资源管理进行有效对接及深入融合，造成人力资源管理系统应用有限，一般只局限于员工考勤、薪资发放等，与其他系统融入度过低，导致企业人力资源管理信息化水平不高。

第四，企业缺少资金支持，信息服务基础不扎实。某些企业虽然也认识到加强人力资源信息化建设的重要性，也非常积极地引入和应用各种先进成熟的人力资源管理相关软件，但是此类软件的引入与应用不仅需要高层次专业人才，也需要大量资金的支持，所以，资金匮乏的企业难以短时间内部署完善成熟的管理系统，造成信息服务基础不扎实，严重阻碍了企业人力资源信息化管理水平的提升。

三、人力资源管理中的信息服务策略

（一）更新观念与认识，加大对新技术的应用

企业人力资源管理信息化并不只是通过计算机取代人力手工劳动，亦非直接通过计算机完成传统管理工作，相反，它主要指的是以最新管理思想为引领，对已不适应社会发展需求的管理流程、组织结构进行剔除或者优化，通过先进强大的信息技术高效优质地完成各项工作，促进人力资源管理效率和质量全面提升。

第一，在推进信息化人力资源管理发展过程中，企业高层务必要保持发展的意识，从全局出发审视并部署发展规划，与时俱进地更新管理思想和管理模式，及时摒弃已过时且无效的管理理念和管理模式，深刻认识到推进人力资源信息化管理的价值与意义，加强信息化建设，不仅有助于提高人力资源管理效率与质量，也能够有效控制管理成本，对增强企业竞争优势大有裨益。

第二，人力资源信息化管理是一项涉及流程多、涵盖因素多的复杂工程，无论是系统的研发，还是平台的构建，都需要大量资金做支撑，若无企业高层的关注与协助，人力资

源信息化管理工作势必会举步维艰，甚至根本无法实现信息化发展。

第三，企业高层仅转变人力资源管理理念是不够的，还需要躬身践行给予指导和支持。众所周知，推进人力资源信息化建设的主要目的是通过提供自动化、智能化服务的方式解放人力、提高工作效率和质量，并且要根据获取到的人力资源数据进行自动统计和规范分析，从而为企业制定合理的战略提供重要依据。在此方面，企业高层既需要对信息化建设进行全面部署，也需要给予资金、人力方面的支持，采取有效措施消除各种阻力，从而使得人力资源信息化建设稳步高效地推进。

（二）加大人才引入与培养，打造专业卓越的信息化服务队伍

专业能力出众且掌握一定计算机操作技巧的员工是企业推进人力资源信息化建设的先决条件，所以，企业需要加强对员工的针对性培训，促其专业技能水平不断提升，更好地胜任岗位工作，实现员工与企业的协同发展。

一方面，企业需要加大新人引入力度，面向社会、高校等扩大招聘力度，提高招聘门槛，加强对应聘者的严格把关，唯有专业基础扎实的人方可进入企业，杜绝任何形式的"关系应聘者"，从源头上保证人才质量，为后续人力资源信息化建设发展提供可靠的人才保障。

另一方面，企业加强对内部工作人员的专业培训，定期组织人力资源管理人员加强对信息软件操作流程、操作技巧等方面有针对性的培训，促其信息化操作水平逐步提升，为企业人力资源信息化建设夯实重要基础。与此同时，企业应积极引导员工加强自我能力的提升，利用空闲时间学习更多与本职工作相关的知识与技能，尽量考取更多高价值证书，这样不仅能够为个人"镀金"，也能够有效提高员工综合能力，对员工长远发展大有裨益。

此外，企业制定并实施严谨合理的考核机制，选取合适的指标，对工作人员的信息化工作开展情况、开展成效等进行客观合理地考评，将其考评结果与工作人员的薪资待遇、晋升等紧密联系，以此调动人力资源部门工作人员学习计算机操作技能的积极性。

（三）加大新信息服务系统的引入与升级，融合人力资源管理

企业在推进人力资源信息化建设的过程中，不只是单纯地引入人力资源工作开展过程中常用的系统，比如OA系统、档案管理系统、合同管理系统等，更重要的是能够将各种信息服务系统进行有效对接，比如，使得员工信息系统与绩效考核系统之间深度融合，便于企业高层快速全面地了解员工的工作表现、任务完成情况等，为后期人事调动或者考察晋升人员等提供重要依据。

在引入信息系统并促进系统之间有效对接的过程中，企业需要结合自身情况积极构建人力资源管理信息库。一是保证各部门、各岗位员工的所有基本信息准确无误地存储于信

息库内，人力资源工作人员需要及时更新企业人员的信息，保证员工信息的精准性和全面性；二是加强对电子文件的定期归档及有效保管，同时，要加强对电子文档资料的及时更新和完善；三是借助新一代技术促进各类系统与大型数据库有效关联，促进各类资源实现真正意义上实时共享，使得企业人力资源信息化建设水平不断提升。

（四）增加资金投入，夯实信息服务基础

企业高层需要深刻认识到人力资源信息化建设对企业长久发展的重大意义，从思想层面主动积极地推进信息化建设，不断加大资金投入力度，全面推进企业基础建设，使得信息服务基础得到进一步夯实。

首先，企业需要加强基础建设。企业高层以长期发展的意识为引领，从全局出发，与时俱进地升级并完善基础建设，比如加强企业文化建设、推进信息化建设，从多方面入手不断增强自身竞争优势。

其次，企业需要定期更新和维护系统。系统引入和应用之后并非万事大吉，还需要加强对各类系统的定期更新与有效维护，以此促进人力资源工作稳步高效地开展，同时，加强对系统的更新与维护，有助于企业人力资源信息化管理水平不断提升。

综上所述，信息化建设是人力资源管理的发展潮流，企业高层要保持与时俱进的发展意识，积极引入并应用先进成熟的信息管理系统，通过系统自动高效地统计并分析数据，为人力资源管理工作高效开展提供强大支持。与此同时，企业需要注重对人力资源工作人员的专项培训，增强他们的信息化意识，提高其计算机操作能力，促进信息化的作用得到充分发挥，显著提升人力资源管理水平，从而促进企业增强竞争优势，大幅提高企业综合竞争能力。使得企业随着信息化建设水平的提升而逐步增强优势，逐步提高综合竞争实力。

第二节　人力资源管理促进就业稳定服务

一、就业稳定的内涵阐释

就业是民生之本。保持就业稳定，对于劳动者个人而言，可以获得收入、安居乐业、实现自我价值；对于企业而言，能稳定经营，保证企业发展需要的人力资源，不断提高其核心竞争力；对于整个社会而言，是保持社会长治久安的基础。保持就业稳定，不仅有利于促进劳动者个体的发展，提高劳动者收入，也有利于市场经济可持续发展，为市场经济提供坚实的人力资源支撑，是社会稳定与和谐的重要基础。

对于就业稳定的内涵，学界仍然是见仁见智。一般地，就业稳定性既反映全社会就业总量变化，也反映劳动者个体就业的变化。从微观角度出发，就业稳定是指劳动者参加工作后不仅能在一个特定的时间期限内稳定工作，同时这份工作也能保证该劳动者的生活维持在稳定水平的一种状态。也就是说，劳动者个人有比较稳定的工作或具有较强的就业能力，能够在合理的时间内寻找到适宜的工作岗位，获得稳定的经济收入，以维持劳动者本人及其家庭的生活需要。劳动者就业不稳定，意味着劳动者每隔一段时间就面临着失业风险或就业单位变动风险，劳动者的个人价值难以实现，影响劳动者的职业发展；劳动者就业不稳定，也意味着企业招工和员工培训成本的增加，甚至使一些企业不得不使用大量的非标准就业员工，影响企业的发展。因此，基于就业稳定性视角下探究企业人力资源管理优化，降低员工流动率，对于企业制定正确、适宜的人力资源管理规章制度，采取有效的人力资源管理措施保证企业员工稳定，进一步促进社会就业具有重要的现实意义。

二、就业稳定是企业核心竞争力的保障

企业核心竞争力一般是指企业所具有的、能够经得起时间考验的、竞争对手难以模仿的技术或能力。因此，企业的核心竞争力具有延展性、有用性和独特性等基本特征。虽然影响企业核心竞争力的因素包括管理规范化、技术领先、制造工艺、市场定位等众多因素，但是，维持企业持续长久竞争力的唯一因素还是人力资源竞争优势。只有人力资源优势是真正难以模仿和复制的，唯有人力资源资产才是企业真正的专用性资产，并成为不可替代的资产。而要使企业拥有并保持其专用性的人力资源，并形成专用性的人力资本，保持持续的竞争优势，就必须保持其员工的就业稳定。虽然还没有足够的证据可以证明长期雇佣一定比短期雇佣更能增强企业的竞争力，但是，长期雇佣对于维持企业核心竞争力具有明显积极效应却是不争的事实。

（一）就业稳定催生企业"人力资本资产专用性"

人力资源是企业参与市场竞争的重要资源，企业的发展离不开员工。企业之间的竞争，表面上是企业产品的竞争，实质是掌握了生产技术尤其是领先技术的人才的竞争，即优势人力资源的竞争。企业需要一批能够并愿意为企业发展做贡献的拥有专用性人力资本的员工。如果就业不稳定，员工离职率过高，员工流动性大，员工变动过于频繁，就可能使企业的人力资本投资收益远低于预期，甚至造成企业人力资本投资浪费，长此以往，就会形成"逆向激励"与"逆向选择"，陷入"恶性循环"的轨道，所有企业都可能选择"用人"而不"育人"，"招人"而不能"留人"，就不可能有人力资本的积淀，更不可能具备企业核心竞争力生成所需要的其他企业难以模仿的"人力资本资产专用性"。面对市

场竞争，企业只有维持合理水平的员工流动率，保持劳动者就业稳定，才能确保其人力资本投资的预期回报，激励企业加大人力资本投资，尤其是专用性人力资本投资，为企业核心竞争力的形成准备条件。

（二）就业稳定促进企业文化的形成与传承

一个企业之所以优秀，重要原因之一就是其具有有利于企业成长和壮大的企业文化。企业要持续发展，维持其竞争优势，就必须把企业发展中形成的适合企业自身发展的企业文化不断传承并加以创新；企业文化传承的顺利实现，有利于员工明确企业的发展战略和发展前景，增强员工对企业的认同感，增强企业内部凝聚力，激励企业员工为共同目标而努力，弥补正式制度未能顾及和难以顾及的领域，最终形成本企业独特的竞争力。

然而，企业文化的形成和传承都要由"人"来完成。一方面，企业文化是企业在长期发展和经营过程中形成的，是被员工普遍认可的价值和管理理念的综合，促使员工行为符合企业期望，在较长的时间内具有相对稳定性。也就是说，企业文化是人与人在长期的劳动合作过程中，通过不断实践和磨合，形成的群体共同接受的价值观和行为方式。另一方面，企业文化的传承也需要组织中的成员在相互交往和工作实践中通过言传身教得以实现，是一个潜移默化的过程。可见，无论是形成企业核心竞争力重要表现之一的企业文化，还是传承企业文化，都必须有一支稳定的员工队伍，要以就业稳定实现企业员工队伍的稳定，然后，促进企业文化代代相传，生生不息。

（三）就业稳定力推企业品牌形象塑造

企业品牌与形象最根本的筑造者和维护者就是企业的员工。员工作为企业行为的执行者，在工作中的流程操作、言谈举止、待人接物直接代表和影响着企业的形象。员工行为的不规范会直接导致企业形象受损、声誉下跌和客户资源的流失。如果没有就业稳定，员工更换频繁，企业的经营理念和价值观念则难以渗入员工的思想，更不可能化为员工的自觉行为，要在市场上树立企业持久的品牌形象几乎是不可能的。因此，唯有保持就业稳定，企业品牌铸造才能顺利进行，才能形成持续良好的品牌形象。

（四）就业稳定确保客户关系维护

在市场经济条件下，企业得客户则得市场，才有生存与发展。由此，决定了企业经营者不能仅仅把目光放在提供优质的产品上，还必须注重客户需求，建立以客户为导向的经营服务模式。是否有稳定的客户群，能否建立并保持良好的客户关系，对企业的经营、发展有着至关重要的影响。良好的客户关系，需要企业不断整合人力资源，适应市场变化，规范客户服务流程，提高员工工作效率，为客户提供贴心的产品或服务，以最大限度地满足客户需求。如果就业不稳定，企业员工流失率高，一方面，存在离职员工带走客户的风险，直接造成损失；另一方面，客户关系的维护本身就是一个文化传承和服务延续的过程，频繁的人员变动必然带来客户关系维护的"断裂"，使企业核心竞争力失去依托和基础。

三、人力资源管理是影响就业稳定的重要因素

影响劳动者就业稳定的因素众多，既有宏观的经济环境与就业政策，也有微观的工作环境和个人决策等，其中，企业微观人力资源管理制度与措施是影响劳动者就业稳定的重要因素。企业人力资源管理通过招聘与录用、培训与开发、使用与晋升、薪酬与激励、绩效与考核等一系列活动，采取相应的技术和方法，影响员工的行为、态度以及绩效，进一步影响员工关系及员工的去留决策。员工对企业的感情、对工作的满意度、对个人发展的评估以及对工作的投入与自身未来职业生涯的安排，很大程度上受到企业人力资源管理理念和活动的影响。

第一，薪酬福利制度欠佳，缺乏就业吸引力。理论与经验均已经证明，对于绝大多数劳动者而言，物质利益仍然是其工作的第一追求，薪酬福利的高低好坏是其对就业岗位评价的重要指标和内容，进而影响其对工作的投入，在可能条件下，可能成为其决定去留的重要因素。薪酬福利制度欠佳主要表现在：企业与员工利益不平衡，薪酬福利水平偏低；薪酬福利与绩效不匹配，员工的付出与回报不成正比，不能起到激励作用；薪酬福利发放形式单一，局限于工资发放与年终奖金等。由此带来的后果：一是员工心态失衡，消极工作，由于企业发展带来的利润员工不能得到应有的共享，让员工感觉为企业工作得不到应有的回报，不愿为企业自愿付出，消极怠工，得过且过，应付了事，对企业发展造成不良影响；二是薪酬福利不具市场竞争力，不少员工承担着家庭生活、子女上学、看病就医的压力，过低的薪酬福利水平让员工难以与企业建立利益共同体关系，往往选择跳槽来寻求更高的工资，并形成"树挪死，人挪活"的心理，影响劳动者就业稳定。

第二，晋升机制不合理，职业生涯通道不顺畅。员工的职位高低与薪酬福利水平往往成正相关。晋升不但能给员工带来更高的物质待遇，还能给员工带来社会地位的上升，实现自我价值增值。随着经济社会的发展，在人们的生存问题解决之后，由单纯的生存进入生活时，人们的需求必然从单纯的物质需求转向多元需求时代。正如古人所说："仓廪实而知礼节，衣食足而知荣辱。"如果企业管理者无视人们需求多元化的现实，必然会出现高素质人才流失、员工工作效率下降、精神面貌萎靡、人际关系紧张甚至冲突等问题，给企业人力资源管理带来问题，影响劳动者的就业稳定与企业发展。但现实的情况是，不少企业未能为员工的职业发展建立良性通道，没有建立健全的晋升阶梯，导致员工只能在"流动"中实现升值，影响劳动者就业稳定。

第三，忽视人文关怀，影响员工组织归属感。在追求利润最大化的过程中，一些企业管理者忽视对劳动者的人文关怀，大量事实已经证明，忽视对劳动者的人文关怀，必然导致劳动者对企业归属感和忠诚度的下降甚至缺失，劳动者就业稳定将失去根基。

第四，人力资源管理理念不清晰，企业文化建设欠规划。首先，不少企业仍然把人力资源管理当作"成本中心"，未能对人力资源管理可能为企业创造的价值有足够的认识，影响人力资源管理的优化，最终影响对员工的合理配置和使用。其次，对于人力资源战略与企业发展战略的相互融合认识不清，未能结合企业发展战略确立适应的人力资源战略，当然也没有始终如一的人力资源管理理念，使人力资源招聘、培训、使用和考核等成为临时性决策，影响员工对企业的预期，进而影响劳动者的就业稳定。最后，任何管理要真正取得高效，就必须有适应的企业文化，以健康的适宜的企业文化配之以恰当的管理，才能弥补正式制度可能留下的管理缝隙，激发员工的工作积极性及其对企业的归属感。现实的情况是，不少企业虽然口头上重视企业文化建设，实际上对于本企业的文化建设没有任何规划，将企业文化建设停留于简单的文体活动，或者认为文化建设就是"一块西瓜皮，任它滑到哪里是哪里"，未能真正发挥企业文化在保持劳动者就业稳定中应有的作用。

四、就业稳定视角下的人力资源管理优化

（一）优化收入分配体系，提升员工预期

关键是建立"对内讲公平，对外有竞争"的激励相融的收入分配体系，一方面，要让员工更多地分享企业发展的成果，改善企业员工的福利状况，满足员工最基本的生活和发展需求；另一方面，要建立结构合理、级差有序的企业内部收入分配体系，体现"多劳多得""按贡献大小获得报酬"的收入分配原则，激励员工长期留在企业工作。另外，更为重要的是要从制度上保证，随着企业的发展，员工个人的收入水平也将得到持续提高，工作环境将得到不断改善，给员工以良好的稳定预期，激励员工保持就业稳定，做企业忠实的建设者和守护者。

（二）注重员工职业发展阶梯，做好生涯管理

关键是构建多通道职业发展阶梯，避免单一职业发展阶梯带来的千军万马过独木桥的问题。

第一，搭建多阶梯、多渠道的员工职业发展通道。根据企业发展对人才的需求，以及各类人才的特点和特长，企业在员工职业生涯管理中，必须建立多阶梯、多渠道的多元化职业发展通道，包括管理类职业发展通道、技术类职业发展通道和业务导师类职业发展通道等，让企业发展需要的各类人才都能够通过企业设置的多元化职业生涯发展通道实现阶

梯式发展，寻找到自己合适的位置，实现自己的职业梦想，保持就业稳定。

第二，打通多元职业发展路径间的连接桥梁。在不同的职业生涯通道之间建立起连接的桥梁，鼓励符合条件的不同职业阶梯上的人才通过连接桥梁实现交流，既为企业发展提供人才支持，也为员工个人发展创造条件，使员工在职业发展中获得成就感和满足感，增强对企业的归属感和忠诚度，实现劳动者就业稳定。

（三）正视员工多元需求，加强人文关怀

重点是要坚持精神和物质并重，关注人们的非物质需求。

第一，把"以人为本"落到实处。要通过企业的日常工作体现出对人的尊重，包括：搭建事业发展的平台，建立体现人的价值的激励机制，营造鼓励个人成长的氛围等，让"以人为本"转化为看得见、摸得着、可执行、有成效的具体措施和行动，而不是挂在墙上，停留在纸上。

第二，倡导包容、友好氛围。人力资源管理工作的根本目标是事业发展，其核心是为个人的成长和发展创造适宜的环境和条件，包括软环境和硬环境，其中有利于个人成长的人文环境愈益显得重要。要营造良好的组织氛围，积极倡导在企业内部建设包容、友好的组织文化，让所有的人在日常工作中干得开心、过得舒心、发展得顺心。

（四）理清人力资源管理理念，深化文化建设

关键是要明确人力资源管理最根本的宗旨是为企业发展提供人力资源支持，力求将企业人力资源部门建设成为企业的利润中心。通过建设积极健康向上的企业文化，为企业发展注入活力，增强企业凝聚力，保持劳动者就业稳定。

第一，根据企业发展实际确立人力资源管理理念和战略。受企业发展历史、规模、所处行业、地域和发展阶段等各方面因素影响，每个企业有其自身的特点、需求及其发展目标，人力资源管理的理念和战略也应该各不相同。企业人力资源管理理念和战略可以借鉴，但不可以复制，必须根据企业自身的实际，制定切合企业发展要求的人力资源管理理念和战略。唯有如此，才能真正发挥人力资源管理在企业发展中的战略支撑作用，并使人力资源管理战略真正成为企业战略的重要组成部分。

第二，将人力资源管理理念贯穿于人力资源管理的全过程。人力资源管理理念和战略既不能停留于文字或口号，也不能是割裂的。人力资源管理理念和战略应该是体现在人力资源管理的各个环节，贯穿于人力资源管理的全过程，真正融为一体。必须力戒人力资源管理零碎化、分散化和无序化，要从招聘开始，到录取、使用、晋升、考核、薪酬及员工关系管理等人力资源管理的各环节、各部门、各模块都要贯彻一种理念、体现一种战略、表达一种思想、达到一种效果，最终实现员工组织归属感提升、凝聚力增强、就业稳定性

提高。

第三，把握文化建设的主线。企业文化作为员工关系的"润滑剂"、团队建设的"黏合剂"，是企业人力资源管理不可或缺的条件。为此，需要把握企业文化建设的主线，要围绕主线确定主题，根据主题开展活动，通过活动彰显主题，为企业人力资源管理营造良好的环境，不断增强员工的爱岗敬业精神和奉献意识，促进劳动者就业稳定。

第三节　人力资源共享服务中心管理模式

在全球快速发展的时代背景下，各企业对人力资源管理的要求也越来越高，对于人力资源管理的创新就成了发展的关键因素。人力资源共享服务是一种新型的人力资源管理模式。它是一个独立的运行模式。它通过服务创造价值。人力资源管理在创新改革中也尝试了不同的模式。很多企业已经开始实施这种模式的人力资源共享服务中心，包括国内外许多大型企业通过建立人力资源共享服务中心，可以提高人力资源的运营效率。其实质是信息网络技术推动的人力资源共享服务管理模式的改革与创新，这种管理模式的出现改变了传统的人力资源管理模式。

一、人力资源共享服务中心概述

（一）人力资源共享服务中心的基本职能

人力资源一般分为三个方面的职能内容：人事行政服务、人力资源专业咨询服务、人力资源业务伙伴。

人事行政服务：人事行政服务包括招聘、工资核算、福利支付、社会保险支付、劳动合同管理、人事档案管理、人力资源信息、职业培训、员工之间的沟通、处理投诉和建议等使用。人力资源共享服务中心依托互联网更好的管理工作，这样的运营管理模式也会更有目的性、专业性，对于现代企业的人力资源来说是非常值得推广的。

人力资源专业咨询服务：共享服务中心需要构建起专业的咨询机构，提供人力资源专业的咨询服务。因为许多企业的基础管理薄弱，人事部大多是事务性工作，涉及战略层面的工作很少，因为很多企业人事部本身工作比较忙，没有太多时间再做内容较重的工作。所以，建立起人力资源专业咨询服务是很有必要的，服务内容包括人事测评、薪酬结构重组、薪酬调查、绩效管理、人力资源规划等。

人力资源业务伙伴：主要的职能内容是负责人力资源管理政策体系，了解客户的需求，帮助培养各级干部的人力资源管理能力，掌握客户需求，保持良好沟通，提供专业的咨询服务，推动和宣传人力资源共享服务中心的管理政策。切实地针对业务部门的战略要求，提供解决方案从而将人力资源和其自身的价值真正地应用到各个业务当中，发挥和实现人力资源业务伙伴的重要作用。

通过建立人力资源共享服务中心，可以提高人力资源的运营效率，使企业最终能够实现人力资源管理的整合，降低运营成本，提高服务运营效率，提供优质的服务管理有效成果。

（二）人力资源共享服务中心应用优势

第一，便于企业加强管控。由于人力资源共享服务中心提供集中的服务内容，所以运作起来也会因此更利于管控。由于人力资源共享服务中心也采取了专业分工，明确职责，便于企业加强管理。

第二，提升企业效能。人力资源共享服务中心的专业化使内部员工更加专业，从而有效提高企业的效率。它提高了人力资源人员的专业能力，提高了人力资源的整体素质，统一规范了流程，提高了整体工作效率，更完整的信息有利于企业管理者做出更准确的决策。

第三，降低运营成本。通过人力资源共享服务中心的建立可以统合相应的信息系统，因此，可以消除信息系统上的重复支出，这样的模式可以一定程度地有效降低运营成本。

二、人力资源共享服务中心存在的问题

人力资源管体系缺少建设的竞争力，存在着忽视人才、能力、环境等方面的需求建设，造成人才和资源一定程度上的浪费，人员部门之间缺少信息的交流沟通。人力资源管理模式难以改变。适用于人力资源共享服务中心这种模式，目前来说，在企业中还比较少见，也就导致了大部分的企业部门对于这种管理模式一时间很难转变过来。对于这样的创新管理模式，是需要企业部门员工的认可及正确的运用，因为一旦贸然使用这样的模式，很可能造成人力资源工作的混乱，影响到企业工作的发展进程。说到底，还是在于企业对于传统的管理模式，观念很难转变，因此需要企业对这样的新管理模式采取正确的宣传介绍以及管理培训。

三、推进人力资源共享服务中心的建立

推进人力资源共享服务中心的建立，企业的管理者需要打破传统的管理运营模式，推进整体的改革制度，并且需要确保在整个改革管理的过程中，部门以及管理层的一致认可与支持，对于人力资源管理改革中是很需要企业高层管理者的正确决策以及带领作用的。

第一，科技支持。对于人力资源共享服务来讲，其各项内容的发展同样须有网络、大数据来支撑，反之关于人力资源共享服务的探索和分析毫无价值。但目前，我国对于人力资源共享服务管理的互联网技术以及大数据库，暂时还没有建立起来，这也就一定程度地导致了共享服务管理的进程延后。按照企业实际发展需求，选择性地对人力资源共享服务内容进行技术的调整，同时也要考虑企业当中的各项需求，以此来更好地对技术情况进行评估。

有关人力资源共享服务中心的构建，需要大量的专业人才掌握人力资源管理知识以及统计学和心理学，并且熟练操作互联网的人才，但是目前来看，对于这一方面的专业人才偏少，同样无专业化的技术方法对其进行培训，专业性不足也就会导致相关的工作人员在工作的过程中力不从心，也就一定程度上限制了人力资源共享服务中心的构建。

第二，降低运营成本。传统的人力资源管理模式会在一定程度上花上更多的时间在一些行政事务上，而 HRSSC[①] 的构建是对人力资源管理的一种创新模式的改革，这样的改革能够提高人力资源管理的整体效率，通过统一的流程以及规范的操作提升服务效率和质量，从而降低成本。

第三，执业人员和过程管理。对于人力资源共享服务中心的构建，需要更多有资质的工作人员，以及专业的管理流程，每个工作人员均可依据标准化模式与流程进行人力资源方面的工作来确保专业化管理水平，进而为企业创造出更多的价值，并且有利于人力资源管理能力的整体提高。

第四，提升信息共享。HRSSC 的建立对于企业以及员工的管理思维习惯来讲同样会产生一定的影响，而关于信息方面的综合分散、集中及利用，也可借助相关科学技术方面来开展，这样便能够实现对数据的综合收集与处理，准确提供有价值的信息，从而实现 HRSSC 信息共享。

第五，管理需要。搭建人力资源共享服务中心后，便可进一步与企业进行配合，而企业组织水平的完善也能够推动管理水平的进步，这样一来便可把信息技术、管理应用进行更好的结合，确保人力资源方面相关制度与数据的良好应用，进一步匹配企业管理需求，优化管控水平。

通过上述分析能够发现，人力资源共享服务中心是一种新的管理模式，包括管理员工的出入境、签署劳动合同、工资的计算和支付、支付社保公积金管理、人力资源咨询服务热线、欢迎和培训新员工的流程、支付员工的录取通知书、统一管理和支付员工的福利等。提供专业的标准人力资源服务管理是建立 HRSSC 的核心，利于人力资源管理的专业化，也有利于企业提供更好的咨询服务。企业根据发展形势、业务特点、经济效益以及服

---

① 人力资源共享服务中心，也就是 HRSSC。

务内容范围，做好管理，发挥 HRSSC 低成本、高效率的运营特点。

第四节　现代人力资源管理服务的推进建议

一、对我国人力资源管理服务现状分析

目前，企业对于人力资源管理的重要性的认识还远远不够。人力资源服务产业仍然处于起步的阶段，企业的员工尤其是单位的领导都没有树立一个正确的人力资源管理的理念。因此，人力资源管理具有以下几个特点。

一是人力资源服务需求量大。基于目前经济的不断发展以及激烈的市场竞争，越来越多的单位以及个人需要加深对人力资源服务产业的了解。从企业自身的角度这方面来说，如果选择专业化的人力资源服务，在工作的过程中不但能一定程度上降低人员管理的成本，还可以使企业管理的效率得到提高。从个人角度来看，由于社会竞争日益激烈，这在很大程度上加强了人们的就业压力，在一定程度上限制了个人发展的空间，使员工的自我价值难以实现。这就使得人力资源服务的需求量不断增加。

二是人力资源服务的竞争日益激烈化且存在的问题较多。我国目前的人力资源服务市场结构复杂，民营、外资、政府等多种机构并存，但是在其服务方式、手段等方面还不能够更好地满足客户们的多元化需求。人力资源服务重点问题主要表现为：①对用户市场缺乏细分，而且服务的产品也比较单一；②在服务的技术方面手段相对落后，在服务的过程中不能够有效地利用当前先进的信息技术，这就导致服务效率和服务质量都比较低；③对企业和人才的信用重视程度不够，缺乏一个合理有效的评价机制。

三是就我国当前的人力资源服务产业发展需求来看，人力资源管理服务机构需要同时兼顾企业和个人，要从企业和个人的实际角度出发，有效利用 HR 管理软件、数据库以及还可以通过互联网和移动通信等方式为其提供适当的人事代理及咨询服务，以便能够更好地为企业提供招聘、培训以及为个人提供求职、职业规划等一系列专业化服务。

二、人力资源管理服务体系的建设对策

（一）树立先进理念，制订出合理、有效的规划

建立人力资源管理体系，就一定要坚持"以人为本"。所谓的"以人为本"就是指要把人力资源作为首要资源，通过先进的管理理念来正确地引导人力资源管理。具体做法有：人才资源资本化的观念要认真贯彻于人力资源管理当中，力争把人力资本的重要性展

现出来；此外，还应该树立一个系统的管理观念，可以从整体上来分析人才资源系统、组成的主要因素以及组织环境这三者间的关系以及变动的规律，以便可以更好地保证人才资源系统稳定、有序地进行；还要树立好环境建设这一理念，能够使企业营造一个良好的环境，从而有效激发员工的积极性和创造性，增加他们的责任感和归属感。在今后的人力资源管理中不能够只重视以往的传统的基础性的一些工作，还要认真规划人力资源管理的具体实施，要根据目标有针对性地对其进行前瞻性的管理，力求做到能够清楚单位在发展期间对人才的需求量，努力使人才结构和组织结构可以达到持久的匹配，从而确保单位在发展的过程中所需要的人才。此外，在今后的人力资源管理工作中，要严格遵循两个原则，即：短期利益和长期利益之间要互相结合、"有所为有所不为"。按照今后的发展趋势制订出合理的人才资源发展规划，对于那些需要重点培养和引进人才的领域要有明确规定，从而实现人才资源配置的合理有效性。

（二）给予人才服务机构充分的权力，提高其附加值

由于企业的不断发展，目前人力资源管理的重心已经逐渐由权力型转变成战略型，这就足以说明了人才服务机构需要在当今市场经济的改革浪潮中不断地转换其观念，使人才服务中心摆脱行政干预对它的束缚，在一定程度上也缓解了公共服务和市场竞争能力之间长久以来的矛盾。这是人才服务机构自主开发人力资源及加强公共服务能力的明智之举。如果能够把具有竞争性的人力资源管理服务项目转换成为一种市场行为，这样就可以实现从传统的行政"管控""包办"向市场化的"服务""外包"等形式的转变。因此，要从体制上打破"大锅饭"的状态，拓展和延伸人力资源管理服务的内容，能够提供更加细致的服务，充分做好招聘的服务、对于高级人才的寻访、人才的派遣、管理咨询、人才的测评等工作，这样不但可以赢得服务对象的信任和赞美，还能够为人才服务机构的跨越式发展提供强劲的动力。

另外，针对今后广阔的市场前景，人才服务中心提供的人力资源管理服务更应该用不断增值的服务来获取更多客户的信任，这种增值服务需要具备综合性、公益性的特点，从政策、服务、环境等多方面进行创新实践，要不定期举办毕业生推荐专栏、HR经理俱乐部、中高端人才培训、委托网络招聘等增值服务，以便提高人才服务机构服务的附加值，这样就可以使企业和服务机构利润成几何倍数增长，使当前人才服务机构经营状况欠佳的状态得到有效改善，进而为人才服务中心的发展迎来更加灿烂的明天。

（三）合理利用人力资源服务，做好人力资源的优化配置

针对在人才服务机构中缺乏专业人才的这一普遍现状，人才服务中心须做到如下两点。

第一，为人才服务机构配置更加专业的管理人才、专业顾问及专业的市场运作人才，做到由企业的经营管理至人力资源服务市场的运作这一整个过程中都要保证有专业的人员来进行管理，这样就可以进一步提高其服务质量。

第二，有效发挥人才服务机构的社会职能。根据当地的实际经济水平、重点的项目以及产业开展有针对性的服务，我们都知道目前高校毕业生的就业压力越来越大，针对这一现状，人才服务机构需要联合多个部门一起力争能够开辟出一条就业绿色通道，充分发挥人才服务机构在人资配置服务中的积极作用。

（四）做好人力资源管理的工作流程

根据人力资源管理的步骤，使招聘、解聘、培训指导、薪酬福利等各个方面的管理工作都做充分，力求能够使工作的各个方面能够互相联系、互相协调，从而可以形成"人尽其才、才尽其用"这样的一个管理体系。此外，在招聘、解雇等环节上要特别注意其效率，确保招聘到实际需求的优秀员工；在上岗指导和培训这一环节，要注意培训的内容应该符合工作的实际需要，能够通过培训激发员工的潜在能力；在绩效考核、薪资福利等环节要有一定的制度和政策，以便可以更好地激励员工，从而提高工作效率。

总而言之，越来越多的企业开始重视人力资源管理。在今后，企业如果想要能够招聘到满意的人才就需要不断地提高人资管理的效率。在今后的工作中，人力资源管理服务机构要根据实际情况，从自身的观念、技术等方面来不断改进和完善，从而提高自身的管理能力，使其配置、管理、服务等各项工作可以得到进一步的完善，进而提高人资管理服务机构的效率。与此同时，还需要改变之前的传统管理模式，在实际工作中使用先进的管理理念和专业的服务，从而能够拓展更大的市场，以便提高人资管理服务的附加值，力求使人才服务机构和企业的利益能够得到双赢。

参考文献

［1］蔡黛沙，袁东兵，高胜寒．人力资源管理［M］．北京：国家行政学院出版社，2019.

［2］曹科岩．人力资源管理［M］．北京：商务印书馆，2019.

［3］曾阅．人力资源规划及人才队伍建设的思考［J］．管理观察，2019（34）：32-33.

［4］常亮．现代人力资源管理服务的几点建议［J］．东方企业文化，2015（04）：67+69.

［5］晁建红．服务导向人力资源管理研究回顾与展望探讨［J］．现代营销（经营版），2019（12）：4.

［6］陈傑．论员工职业生涯管理的方法及途径［J］．管理观察，2014（04）：27-28+30.

［7］方守林，监文慧．企业工作分析存在的问题及对策［J］．河北企业，2013（10）：14.

［8］何丽秋．探究企业员工绩效管理及改进策略［J］．现代商业，2022（23）：43-45.

［9］姬雅琳．激励理论在现代企业管理中的运用分析［J］．商展经济，2022（17）：138-140.

［10］李春华．企业人力资源战略管理中存在的问题及对策分析［J］．人才资源开发，2020（06）：67-68.

［11］李继峥．企业员工职业生涯管理对策研究［J］．现代经济信息，2015（13）：117.

［12］李健．新型劳动关系中劳动争议的会计处理方式［J］．商业观察，2022（17）：21-23.

［13］李京华．基于员工职业生涯管理的培训体系构建［J］．中国管理信息化，2017，20（01）：116-117.

［14］李娅．刍议服务导向人力资源管理研究回顾与展望［J］．商讯，2021（10）：187-188.

［15］李云龙．人力资源战略管理途径探究［J］．中小企业管理与科技（上旬刊），2021（02）：16-17.

［16］刘岩，李雷．企业员工绩效管理存在的问题及改进［J］．中小企业管理与科技（下旬刊），2021（08）：4-5.

［17］刘艺博．企业薪酬福利管理工作中存在的问题与解决措施［J］．商场现代化，2019（09）：85-86.

［18］路昕．人力资源管理组织架构分析［J］．赤峰学院学报（自然科学版），2015，31（19）：161-162.

［19］吕菊芳．人力资源管理［M］．武汉：武汉大学出版社，2018.

［20］米柯．企业加强人力资源规划管理的途径探索［J］．商讯，2020（17）：191+193.

［21］聂翠丽．新的人力资源共享服务中心管理模式探究［J］．现代商贸工业，2021，42（24）：48-49.

［22］苏雅宁．企业人力资源管理中激励机制运用研究［J］．老字号品牌营销，2022（12）：160-162.

［23］唐艳．人力资源管理提升效能促进就业服务的路径探究［J］．中国市场，2020（35）：177+179.

［24］王冰华．服务导向人力资源管理研究［J］．全国流通经济，2022（02）：97-99.

［25］王世强，蒋路远．企业员工招聘与培训的内在关联机理探析［J］．企业研究，2016（09）：60-61.

［26］王阳，李许静，张容瑜．对优化员工绩效管理的探索［J］．河南电力，2021（01）：62-63.

［27］魏迎霞，李华．人力资源管理［M］．开封：河南大学出版社，2017.

［28］乌兰．企业员工招聘的途径和方法探析［J］．企业改革与管理，2015（12）：111.

［29］谢韫．论人力资源管理的现状及发展趋势［J］．财经界，2021（21）：183-184.

［30］张静．人力资源管理的创新策略［J］．商业文化，2021（36）：66-67.

［31］赵继新，魏秀丽，郑强国．人力资源管理［M］．北京：北京交通大学出版社，2020.

［32］赵鹏程，徐有若．新时代企业人力资源管理中的信息服务［J］．人才资源开发，2022（10）：94-96.

［33］朱慧君．浅析员工职业生涯管理与组织发展的关系［J］．东方企业文化，2013（16）：267+271.